Für Gianna und Mara

Henning Klüver

Sissi

Die rebellische
Kaiserin

Rowohlt

rororo rotfuchs
Herausgegeben von Ute Blaich und Renate Boldt

Originalausgabe
Veröffentlicht im Rowohlt Taschenbuch Verlag GmbH,
Reinbek bei Hamburg, Oktober 1996
Copyright © 1996 by Rowohlt Taschenbuch Verlag GmbH,
Reinbek bei Hamburg
Redaktion Ute Blaich
Umschlagillustrationen Jassen Ghiuselev
Umschlaggestaltung Nina Rothfos
Alle Rechte vorbehalten
Satz Iridium (Linotronic 500)
Gesamtherstellung Clausen & Bosse, Leck
Printed in Germany
1090-ISBN 3 499 2 0824 5

Inhalt

Vorwort
7

Das Jahr 1848
17

Verlobung in Bad Ischl
31

Im goldenen Käfig
43

Krise und Unabhängigkeit
57

Königin von Ungarn
73

Spiegel ihrer Schönheit
85

Gedichte und Träume
97

Rastloses Reisen
109

Zweifelhafter Nachruhm
130

Personenverzeichnis
141

Bücher- und Abbildungsverzeichnis
151

Zeittafel
153

Stammbaum
156

Vorwort

Wer sich Spannung und Neugier zur Lebensgeschichte der Kaiserin voll erhalten möchte, kann dieses Vorwort natürlich auch als ergänzendes Nachwort lesen.

Als der Heiligabend auf einen Sonntag fiel, kam Elisabeth in München auf die Welt. Das dritte von acht Kindern des Herzogs Max und seiner Frau Ludovika. Es war der 24. Dezember 1837. Ein Glückskind, dachte man, es hatte nämlich bei der Geburt schon einen Zahn. Das wurde als gutes Zeichen gewertet.

Vielleicht erlebte sie wirklich eine glückliche Kindheit und Jugend. Ihr Vater Max war ein etwas verschrobener bayrischer Herzog aus einer Nebenlinie der Wittelsbacher. Ihre Mutter Ludovika, obwohl Tochter eines bayrischen Königs, galt als «verbauert». Elisabeth, ein Kind mit hellbraunen, etwas verträumten Augen und dunkelblonden Zöpfen, wuchs vor allem auf dem Landschloß der Familie in Possenhofen am Starnberger See auf. «Schloß» ist zuviel gesagt, eher ein Landgut, wo Kühe zwischen Rosensträuchern herumliefen, Ponys den Rasen zertrampelten und Hunde durch die Salons mit den abgewetzten Teppichen tobten, als wäre dies das Wohnhaus eines Forstmeisters und Jägers.

In Possenhofen und Umgebung lernte Elisabeth reiten, schwimmen, bergsteigen, angeln. Künste, die für eine

Prinzessin damals nicht karrierefördernd waren. Jedenfalls nicht, wenn sie eine möglichst «gute Partie» werden sollte. Das heißt «standesgemäß» einen Prinzen, Herzog oder gar einen König heiraten wollte. Mit fünfzehn Jahren verliebte sich Elisabeth in einen Mann, den sie ein Jahr später wirklich heiratete. Ihr Pech: er hieß Franz Joseph und war nicht irgendein Prinz, sondern Kaiser von Österreich. Von Stund an begann ein lebenslanger Kampf mit dem kalten Hofzeremoniell, mit Vorschriften und Pflichten. Sie durfte anfangs weder frühstücken, wann sie wollte, noch anziehen, was sie wollte. Daß Elisabeth, die in Freiheit aufgewachsen war, diesen Zwang nicht lange ertragen würde, hätten eigentlich alle wissen müssen.

Elisabeth von Österreich starb als unglückliche Frau am 10. September 1898 in Genf. Sie hinterließ einen aufrichtig trauernden Mann, den Kaiser, und zwei Kinder: Gisela und Marie Valerie.

Zwei weitere Kinder waren zuvor verstorben. Die kleine Sophie bereits im Alter von zwei Jahren. Rudolf, der Thronfolger, hatte sich mit 31 Jahren selbst das Leben genommen. Elisabeths Lebensgeschichte wurde im Gedächtnis der Menschen bald verharmlost, verschönt und versüßlicht. Obgleich es die Geschichte einer Frau war, die gegen die Rollen rebellierte, die man ihr aufzwingen wollte. Die Rollen als Ehefrau, als Mutter, als Kaiserin.

Aber hatte sie denn nicht aus freien Stücken den Kaiser geheiratet? Warum hat sie dann nicht auch die Pflichten gegenüber ihrem Mann angenommen, die sich aus einer solchen Ehe ergaben? Warum hat sie ihre Kinder (bis auf

Marie Valerie) vernachlässigt? Warum hat sie ihr Land als Kaiserin nicht so repräsentiert, wie es sich ein Großteil auch des Volkes gewünscht hätte?

Nun, sie versuchte, ihre Rolle anzunehmen. Aber ihr phantasieloser Mann hat ihr die Ehe schwergemacht. Der Hofstaat nahm ihr früh die Kinder. Und als Galionsfigur einer untergehenden Monarchie war sie sich zu schade. Ihr Freiheitswille ließ es nicht zu, daß man sie in einen goldenen Käfig sperrte, in den eine Kaiserin traditionell gehörte. Diese rebellische Seite Elisabeths ist es, die uns interessiert. Von der will ich erzählen. Eine Rebellion, die sie schließlich selbst zerstören sollte. Die schönste Frau Europas. Ein lachendes, übermütiges Kind. Ein verliebtes Mädchen. Eine charmante Freundin. Eine couragierte Reiterin. Eine extrem Selbstverliebte. Eine schwärmerische Dichterin. Eine gekrönte Republikanerin. Eine überspannte Herrscherin. Eine launenhafte Dame. Trauernde Mutter, lebensmüde, rastlose Weltreisende. Gefangene ihrer selbst. Ein Opfer ihrer Zeit.

Zu Hause in Possenhofen und München wurde sie nur Sisi gerufen. Der scharfe Wiener Akzent machte daraus schnell «Sissi», das uns heute vertraut ist.

Mitte der sechziger Jahre saß Sissi dem Hofmaler Franz Xaver Winterhalter mehrfach Modell. Da entstanden jene berühmten Gemälde, die heute in keinem Buch über die Kaiserin fehlen. Diese Motive zieren alle möglichen Andenken: Kaffeetassen, Vasen, Untersetzer oder T-Shirts. Damals zirkulierten in Europa viele Reproduktionen dieser Bilder, die den legendären Ruf von Sissis Schönheit verbreiteten: besonders das Bild mit dem weißen, goldbestickten Ballkleid, auf dem Sissi die berühmten Diamantensterne im langen vollen dunkelblonden Haar trug.

Als Sissi 1864 zur Hochzeit der Prinzessin Sophie von Sachsen mit ihrem Bruder Carl Theodor (zu Hause in München wurde er nur «Gackel» gerufen) nach Dresden reiste, waren die Leute hingerissen. Nicht die Braut, sondern der kaiserliche Gast überstrahlte das Fest. In einem Brief der Königin Marie von Sachsen an eine Freundin heißt es: «Von der Begeisterung, welche die Schönheit und Liebenswürdigkeit der Kaiserin hier erregte, kannst Du Dir keine Vorstellung machen; noch nie sah ich meine ruhigen Sachsen in *solcher* Aufregung!»

Während man am Wiener Hof an Elisabeth unablässig herummäkelte, berichteten die Gesandten (Botschafter der verschiedenen Länder) in den wärmsten Tönen von ihren Vorzügen. So schrieb der amerikanische Gesandte 1864 (Sissi war damals sechsundzwanzig Jahre alt) an seine Mutter: «Die Kaiserin ist, wie ich Dir schon öfter erzählte, ein Wunder der Schönheit – hoch und schlank, wunderschön geformt, mit einer Fülle von hellbraunem Haar, einer niederen griechischen Stirn, sanften Augen, sehr rothen Lippen mit süßem Lächeln, einer leisen, wohlklingenden Stimme, und theils schüchternem, theils sehr graziösem Benehmen.» Ein Jahr später hatte dieser amerikanische Gesandte die Ehre, bei einem Hofdiner Sissis Tischnachbar zu sein. Er schrieb: «Nun sage ich Dir, sie war geradezu hinreißend. Ihre Schönheit hat sich in diesem Jahre noch entwickelt und ist noch strahlender, berückender, vollendeter geworden. Mitten beim Diner, und während sie auf das Liebenswürdigste plauderte, sagte sie plötzlich: ‹Ich bin so ungeschickt›, wobei sie in der adorabelsten Weise, wie ein Schulmädchen, errötete. Sie hatte ein Glas römischen Punsch auf das Tischtuch verschüttet, und der Kaiser kam ihr sogleich zu Hülfe, indem er so galant war, noch eins umzustoßen, worauf großer Wirrwarr entstand. Schnell wurden die Servietten gebracht und der Schaden reparirt, und nicht weniger natürlich und reizend als die erhöhte Farbe ihrer Wangen war das unwillkürliche, halb verlegene Lachen, womit sie den kleinen Vorfall begleitete, während die Übrigen in ehrerbietigem Schweigen verharrten.»

Die schöne Majestät hatte allerdings von klein auf Probleme mit ihren Zähnen, die auch die besten Zahnärzte nicht beheben konnten. So lächelte sie meistens mit geschlossenen Lippen und sprach äußerst undeutlich. Sie war zurückhaltend, scheu, manchmal geradezu schüchtern. Das brachte ihr anfangs den Ruf einer nicht sonderlich intelligenten Schönheit ein. Manchmal wurden Gespräche mit Elisabeth zur Mühsal, weil man sie kaum verstand. Und hier und da ergaben sich komische Situationen, wie wir aus einem Brief der preußischen Kronprinzessin Viktoria aus dem Jahr 1863 erfahren: «Die Kaiserin von Österreich spricht sehr leise, da sie ziemlich schüchtern ist. Neulich sagte sie zu einem sehr schwerhörigen Herren: ‹Sind Sie verheiratet?› Der Herr antwortete: ‹Manchmal.› Die Kaiserin sagte: ‹Haben Sie Kinder?›, und der Unglückliche brüllte: ‹Von Zeit zu Zeit.›»

Woher wissen wir das so genau? Historiker suchen,

wenn sie vom Leben vergangener Zeiten und verstorbener Personen erzählen wollen, nach «Quellen». Diese «Quellen» sind meistens Texte, Erzählungen, Tagebücher, Briefe. Kurz, Dokumente, die etwas über das Leben der Person aussagen und erzählen. Zum Beispiel die Briefe des amerikanischen Gesandten, die in Berlin 1890 in einem Buch veröffentlicht wurden. Oder auch das Tagebuch der Gräfin Festetics, die lange Zeit Elisabeths Hofdame war. Das Original dieses Tagebuches findet man in der Széchényi-Bibliothek von Budapest. Meistens Texte, die vor über hundert Jahren geschrieben wurden, deshalb sind Wortwahl oder Rechtschreibung manchmal für heutige Begriffe ungewöhnlich.

Wenn man heute eine wissenschaftliche Arbeit schreiben wollte, müßte man die Archive der Bibliotheken durchforschen, wo diese Dokumente aufbewahrt werden. Andere liegen in Privatarchiven bei Verwandten und Erben der Zeitzeugen. Eine sehr aufwendige Arbeit – aber nur so kann man sicher sein, daß alle Informationen stimmen. Und vor allem kann man nur so Neues entdecken, noch nicht Veröffentlichtes.

Eine Reihe von Historikern hat diese Quellen über Elisabeth bereits in verschiedenen Büchern aufbereitet und zugänglich gemacht. Das hat mir sehr geholfen, denn ich habe mit diesem kleinen Buch natürlich keinen wissenschaftlichen Ehrgeiz. Ich möchte die Geschichte von Sissi (und ein bißchen von ihrer Zeit) für die erzählen, die wissenschaftliche Werke bedeutender Historiker erst später lesen werden. Deshalb habe ich auch darauf verzichtet, jedes Zitat in einer Fußnote zu «belegen». (Das heißt anzugeben, wo ich es gefunden habe.) In einer Bücherliste am Schluß führe ich alle Titel auf, die ich für die Arbeit an «Sissi» benutzt habe.

Einige davon waren mir besonders wichtig. Das sind die Bücher der Wiener Historikerin Brigitte Hamann, die reiches Quellenmaterial ausbreiten. Gut lesbar ist auch die Biographie der englischen Historikerin Joan Haslip («Sissi. Kaiserin von Österreich»). Auch wenn diese Autorin die Dokumente teilweise durch eigene Ausschmückungen frei ergänzt. Jedoch war mir dieses Buch wichtig, um den Alltag der Kaiserin kennenzulernen.

Manchmal beschrieb ich Szenen, wie jene gleich zu Beginn des folgenden Kapitels. Sie beruhen alle auf Tatsachen. Aber die Erzählhaltung bleibt meine, nämlich subjektiv. Wenn Elisabeth an einem bestimmten Tag zu einer bestimmten Stunde zögernd die Hand hebt und den Sitz ihrer Haar überprüft. Wenn sie gleich darauf ihr Gesicht wieder hinter dem unentbehrlichen Fächer versteckt und das Sonnenlicht flirrende Schatten auf die Wandteppiche wirft. War es denn so? Genau so? Das wissen wir nicht, aber so könnte es gewesen sein.

Für die Beurteilung jeder historischen Person ist das Tagebuch eine wichtige Quelle. Leider hat Sissi kein Tagebuch geführt. Jedenfalls kein gewöhnliches. Sie hat aber ein «poetisches Tagebuch» hinterlassen. Darin eifert sie Heinrich Heine nach. Heine, der politisch unbequeme Dichter, mußte vor Zensur und politischer Verfolgung nach Paris fliehen, wo er 1865 starb – das Jahr, in dem Sissis zweite Tochter Gisela auf die Welt kam.

Niemals hat Elisabeth das große Vorbild erreicht. Das

ist aber auch nicht wichtig. Wichtig ist dagegen, daß diese Gedichte uns Einblicke in Sissis Gefühlswelt geben: ihre Träume, Ängste und Wünsche. Auch in ihre politischen Vorstellungen. Allen Spötteleien zum Trotz hatte sie nämlich politische Ideale, die dem knochenkonservativen Wiener Hofstaat zuwiderliefen. Ihre antimilitärische, sogar antimonarchische Haltung spiegelt sich zum Beispiel in diesen Versen:

> *Das arme Landvolk schwitzet,*
> *Bebaut mühsam sein Feld.*
> *Umsonst! Gleich wird stibitzet*
> *Ihm wiederum das Geld.*
>
> *Kanonen sind sehr teuer,*
> *Wir brauchen deren viel,*
> *Besonders aber heuer,*
> *Wo Ernst wird aus dem Spiel.*
>
> *Wer weiss! gäb's keine Fürsten,*
> *Gäb' es auch keinen Krieg;*
> *Aus wär' das teure Dürsten*
> *Nach Schlachten und nach Sieg.*

Ein Jahrhundert später zeigt der Blick in die Nachrichten, daß es heute, auch ohne Adelige, ohne Fürsten, immer noch Krieg gibt. Daß auch demokratisch gewählte Politiker nach Schlachten und Sieg dürsten. Aber die Autorin der Verse stand immerhin als Kaiserin an der Spitze eines Staates, den viele Historiker als «Militärmonarchie» bezeichnen. Was war das für eine Frau, die so unbeirrbar ihre traditionsbelastete Rolle im Kaiserreich kritisierte, Militär und monarchisches Zeremoniell verachtete und sich den Zwängen des Hofes zu entziehen suchte, wo immer es möglich war?

Das Jahr 1848

Es war Ende Juni. Ein blauer Morgenhimmel lag über dem frühsommerlichen Tag. Am Seeufer flog erschreckt eine Gruppe Graugänse auf, als die schwerfällige Familienkutsche der Wittelsbacher vom Schloß Possenhofen aus in die Uferstraße einbog. Die Herzogin fächerte sich Luft zu. Wenn es schon jetzt so warm war, wie sollte es dann erst während der vielstündigen Fahrt nach Innsbruck werden? Den achtjährigen Sohn «Gackel» (Carl Theodor) mußte die Gouvernante immer wieder vom Fenster zurückziehen: «Willst du denn krank bei Tante Sophie ankommen?»

Mit dem Rücken zur Fahrtrichtung saßen mit unbeweglichen Gesichtern, aber klopfenden Herzen zwei Zofen, die noch nie eine so lange Reise unternommen hatten. Zu ihren Füßen suchten die beiden Hunde vergeblich eine gemütliche Ruhelage und wurden immer wieder von den harten Schlägen schlecht gefederter Achsen aufgeschreckt, bis sie endlich resigniert ihre Schnauzen auf die Pfoten legten.

Auf der Rückbank, eingeklemmt zwischen Mutter und der älteren Schwester «Nené» (Helene), saß mit glänzenden Augen die fast elfjährige Sissi, einen Käfig mit ihrem Kanarienvogel auf den Knien. Niemand in der ungemütlichen Kutsche konnte schon wissen, daß Elisabeth in ein Land fuhr, dessen Kaiserin sie sechs Jahre später werden

*Die kleine Sissi mit dem Bruder Gackel (Carl Theodor),
den sie von allen sieben Geschwistern am liebsten mochte.*

sollte. Nur einer der Hunde jaulte im Traum auf, als ahnte er mit instinktiver Weisheit, die nur Tiere haben, die kommende Geschichte, die nicht ohne Leid bleiben würde.

Sissis Vater, Herzog Max von Bayern, hatte auf die Reise verzichtet. Er vertrug sich nicht gut mit der Erzherzogin Sophie, der Schwester seiner Frau. Sophie hatte sich dank ihrer starken Persönlichkeit eine herrschende Stellung am Wiener Hof gesichert. Sie setzte alles daran, ihrem Sohn Franz die Thronbesteigung der Donaumonarchie zu ermöglichen. Eingebildetes Weibsbild, dachte Herzog Max. Denn Sophie wiederum hielt nichts von Maxens «unadeliger» Abscheu gegenüber allem Hofzeremoniell und Protokollpflichten.

Max hatte es auch aus anderen Gründen vorgezogen, in München zu bleiben. Es waren unruhige Monate. Die königliche Familie war mit dem größten Teil des Hofstaates in das Maxpalais an der Ludwigstraße vor den demonstrierenden Bürgern und Arbeitern geflüchtet. König Ludwig I. mußte schließlich zugunsten seines Sohnes abdanken. Allerdings lag das mehr an seiner langen «unerhörten» Affäre mit der Tänzerin Lola Montez als am Druck der 48er Revolutionäre.

Herzog Max war beim Volk beliebter als seine königlichen Vettern und Neffen. Ihm wurden sogar demokratische Ansichten nachgesagt. Er konnte sich durchaus eine Regierung mit der Beteiligung von Bürgern vorstellen. War jedoch viel zu lebenslustig, als sich ernsthaft und ausgiebig um Politik zu kümmern.

Im Hof seines Palais hatte er einen Zirkus eingerichtet. Dort führte er selbst halsbrecherische Reitkunststücke vor und unterrichtete seine Kinder im Reiten. Nicht selten spielte er im Kreis von Freunden oder in verräucherten Gaststätten auf seiner Zither, einem volkstümlichen Zupfinstrument. Dazu sang er selbstgedichtete Lieder im Stil seines großen Vorbildes Heinrich Heine. Eine Vorliebe, die später seine Tochter Elisabeth teilte. Auch wenn beide bestimmt bessere Reiter als Dichter waren. Sissi wurde rot vor Stolz, als ihr Vater eines Tages sagte: «Wanns wir nit Prinzen wär'n, wär'n mer Kunstreiter wor'n.»

Beide verband die Liebe zum Lesen. Max besaß eine Bibliothek mit 26 000 Bänden. Er war, wie später seine Tochter, überzeugt, daß Lesen und Gedichteschreiben die Welt verbessern könnte. Ein Reim war ihnen ein Königreich wert. Wenn es allerdings ums Lernen ging, zeigte Sissi keine Ausdauer. Ihre Erzieherin, Baronin Wulfen, berichtete, es habe Zeiten gegeben, da mußte man sie buchstäblich an den Stuhl binden.

Um seine Frau Ludovika und seine acht ehelichen Kinder, drei Jungen und fünf Mädchen, kümmerte Max sich sonst nicht allzu ausgiebig. Wenn er es aber tat, brachte er sämtliche Erziehungspläne von Ludovika und den Gouvernanten durcheinander. Er jagte mit den Kindern bei wilden Ausritten durch die Umgebung von Possenhofen, ging mit ihnen fischen oder nahm sie, wie später Sissi, manchmal auf seine Kneipentouren mit. Herzog Max verkleidete sich dann als Wandermusiker, um von den Leuten nicht erkannt zu werden. Er spielte auf seiner Zither und sang dazu improvisierte Lieder, während Sissi mit rotglühenden Wangen und wehenden Zöpfen auf den

*Herzog Max war ein leidenschaftlicher Reiter.
Er gab in seinem Privatzirkus vor Publikum kühne Beweise
seines Könnens als Kunstreiter.*

Tischen tanzte. In ihrem Rock fing sie Münzen auf, die ihr die Bauernburschen zuwarfen. Sehr viel später sollte sich die Kaiserin Elisabeth an solch ein «Konzert in der Schenke» erinnern. Sie zeigte einer erstaunten Hofdame einige dieser Münzen, die sie aufbewahrt hatte. Mit der Bemerkung, dies sei das einzige Geld, das sie «ehrlich» verdient habe.

Nein, Herzog Max war kein «guter» Vater. Auch wenn Sissi viel von seinem Temperament und seinem Talent geerbt hatte. Und er war ein noch schlechterer Ehemann. Mittags wollte er meistens nicht gestört werden. Jedenfalls wenn er zusammen mit seinen beiden unehelichen Töchtern speiste, die er sehr geliebt haben soll. Es gab Schlimmeres, zumindest in den Augen von Ludovika. Zum Entsetzen seiner Frau brachte er zum Beispiel von einer Reise nach Ägypten vier schwarze Sklaven mit, die er dort auf dem Markt gekauft hatte. Max bestand darauf, daß sie in München getauft werden sollten. Ein Skandal für die höhere Gesellschaft. Aber das Volk war begeistert.

Herzogin Ludovika konnte es zeit ihres Lebens nicht verwinden, daß sie als einzige von neun Töchtern ihres Vaters, König Maximilian von Bayern, nicht wieder in eine königliche Familie eingeheiratet hatte. Ihr Mann, Herzog Max, gehörte ja nur zu einer Nebenlinie des bayrischen Adelsgeschlechtes der Wittelsbacher. Und es war Ludovika nur ein schwacher Trost, daß er und seine Kinder den Titel «Königliche Hoheit» tragen durften. Max war das sowieso egal, und die Kinder machten sich eher darüber lustig.

Da hatten ihre Schwestern ein ganz anderes Los gezogen. Eine wurde Königin von Sachsen, eine andere Königin von Preußen. Besonders zwei Geschwister wurden von Ludovika bewundert. Karoline Auguste hatte den Kaiser der größten Monarchie Europas geheiratet: den Habsburger Franz I. von Österreich. Nach dem Tod seiner ersten Frau war das die zweite Ehe des Habsburgers. Sophie, die andere größere Schwester von Ludovika, nahm den Sohn aus der ersten Ehe von Kaiser Franz, Erzherzog Franz Carl, zum Mann. Damit wurde Sophie zur Schwiegertochter ihrer Schwester. Verwirrende Verhältnisse.

Die ständigen Verbindungen zwischen den großen Adelshäusern führten nicht nur dazu, daß die europäischen Herrscher alle untereinander verwandt waren. (Trotzdem bekriegten sie sich immer wieder ganz unfamiliär.) Es hatte besonders erbliche Verfallserscheinungen zur Folge, die sich in Krankheiten zeigten. Elisabeth sollte sich später oft um die Geisteskrankheit als «Familienkrankheit» der Wittelsbacher Gedanken machen. Ihr Vetter, König Ludwig II., der kurz mit ihrer Schwester Sophie verlobt gewesen war, starb mit einer verwirrten Seele. Vermutlich hat er freiwillig den Tod im Starnberger See gesucht. Ludwigs Bruder Otto war zuvor ebenfalls irrsinnig geworden. Zeichen dieser Krankheit glaubte Elisabeth später auch bei ihrem Sohn Rudolf auszumachen.

Aber bleiben wir noch einen Augenblick bei Ludovikas Schwester Sophie, die in Innsbruck inzwischen ihre angereisten Verwandten aus Bayern begrüßt hatte. Erzherzogin Sophie machte sich Gedanken um die zukünftige Braut ihres Sohnes Franz. Sie hatte schmerzlich gelernt, die Interessen des Staates und der Kaiserfamilie über ihre eigenen privaten Wünsche zu stellen.

Österreich war zur Zeit nicht in guten Händen. Nach dem Tod von Kaiser Franz war dessen erstgeborener Sohn Ferdinand auf den Thron gekommen. Nun war Ferdinand, den man «den Gütigen» nannte, krank und (auch er!) geistesschwach. Sein Bruder Franz Carl, Sophies Ehemann, galt als kraftlos. Im krassen Gegensatz zu seiner Frau, die unter vielen Schwächlichen als «der einzige Mann am Hofe» bezeichnet wurde.

Das Jahr 1848 war für die europäischen Monarchien ein sehr gefährliches Jahr. In fast allen europäischen Hauptstädten gab es Aufstände. Der Wiener Hofstaat mußte aus der Hofburg nach Innsbruck fliehen. Im Riesenreich von Österreich-Ungarn versuchten Nationalisten in Ungarn (Budapest), Norditalien (Mailand und Venedig) und Böhmen (Prag) sich von der Donaumonarchie loszusagen und eigene Staaten zu gründen. In einer solchen Situation durfte das Land nicht länger von einem geistesschwachen Kaiser regiert werden.

Sophie wollte die Abdankung von Ferdinand durchsetzen. Und ihren Mann überzeugen, der in der Thronfolge an zweiter Stelle stand, ebenfalls zu verzichten. So wäre der Weg frei für ihren Sohn Franz, der im Jahr 1848 gerade achtzehn Jahre alt war. Die zukünftige Frau von Franz würde also Kaiserin von Österreich werden. Wegen der engen Verbindung von Kirche und Staat verstand es sich von selbst, daß sie katholisch sein müßte.

Die Kirche war in diesen unruhigen Monaten die wohl wichtigste Stütze der Monarchie.

In der damaligen politischen Lage hatten für Österreich die Beziehungen zu Deutschland eine besondere Bedeutung. Deutschland gab es damals allerdings noch nicht als einheitlichen Nationalstaat. Es bestand aus vielen Staaten und Fürstentümern, wie zum Beispiel Preußen, Sachsen oder eben Bayern. Darum konnte es gut eine preußische, sächsische oder bayrische Prinzessin sein, die an der Seite von Franz die Habsburger Monarchie repräsentieren sollte. In allen drei Staaten hatten Schwestern von Sophie bereits wichtige Positionen inne.

Ludovika gehörte zu denen, die weniger wichtig waren. Und doch legte ihr Sophie beim Besuch in Innsbruck nahe, die Erziehung von Nené zu verbessern. Helene war kein Kind mehr, bereits vierzehn Jahre alt, groß, schlank und eine aufblühende Schönheit. Schwarzes Haar umrahmte ihr stolzes Gesicht. Und sie war eine gute Katholikin. Es haperte dagegen mit den Sprachen. Wie ihre Geschwister plauderte Nené fröhlich im bayrischen Dialekt. Und sonst? Sie konnte nicht einmal richtig Französisch, die Sprache des Hochadels. Und das Benehmen erst! «Reizend, gewiß, diese Natürlichkeit. Aber die Etikette, liebe Schwester, die Etikette.»

Hinter dem Sessel hatten sich bei diesem Gespräch Gackel und Sissi versteckt und kicherten. Sie konnten sich angesichts des steifen Ernstes der Tante nicht länger beherrschen, prusteten los und rannten, die Schelte der Mutter überhörend, aus dem Zimmer. Ludovika entschuldigte sich natürlich bei ihrer Schwester und ließ sich gerne weitere Ratschläge für die Erziehung Nenés geben. Denn die Vorstellung, ihre ältere Tochter mit dem Haus Habsburg zu verbinden, verjagte allen Groll auf ihr Schicksal in einer unglücklichen und zweitrangigen Ehe.

Sie sah außerdem nicht ohne Zufriedenheit, wie Sophies dritter Sohn Karl Ludwig von Sissis Natürlichkeit angezogen wurde. Der vierzehnjährige, etwas schüchterne Karl Ludwig brachte ihr hier und da kleine Geschenke, Obst, Blumen oder eine Zeichnung. Sissi bedankte sich artig, dabei war ihr diese Aufmerksamkeit eher peinlich. Karl Ludwig blieb trotzdem ein treuer Verehrer und sandte ihr in den folgenden Jahren immer wieder Ringe, kleine Ketten oder bunte Fächer. Präsente, für die sich Sissi mit kurzen Briefen auf rosa Papier immer artig bedankte. Allerdings hat Karl Ludwig in Elisabeths ersten schwärmerischen Gedichten niemals eine Rolle gespielt. Da gab es andere, wie diesen «Richard», von dem wir noch hören werden. Herzogin Ludovika sah dagegen im träumerischen Glück schon eine Doppelhochzeit vor sich. Wobei Nené natürlich die Starrolle spielen sollte.

Franz war unterdessen auch in Innsbruck eingetroffen. Mehr als es die Höflichkeit verlangte, kümmerte er sich kaum um seine bayrischen Kusinen. Sophie versuchte immer wieder, ihren Sohn auf die schöne heranwachsende Helene aufmerksam zu machen. Die Ereignisse des Jahres 48 nahmen Franz jedoch ganz gefangen.

Die Forderungen der Bürger waren in seinen wie in den Augen Sophies nichts als frevelhafte Störung einer gottgewollten Ordnung. Danach hätten Kaiser und Könige ihre Länder zu regieren. Nun es gab immer mehr Menschen, die diese Ordnung keineswegs für «gottgewollt» hielten. Bürger, die als Handwerker, Fabrikanten oder freie Künstler ihr Glück in die Hand genommen hatten, wollten auch beim Regieren ein Mitspracherecht erhalten. Arbeiter, die täglich zwölf Stunden und mehr in Fabriken schufteten, verlangten das Recht, ein Parlament zu wählen. In London erschien das Kommunistische Manifest von Karl Marx und Friedrich Engels. Die ersten Worte lauteten: «Ein Gespenst geht um in Europa – das Gespenst des Kommunismus!» In Frankfurt tagte in der Paulskirche ein erstes gesamtdeutsches Parlament. In Berlin ritt der König mit der schwarz-rot-goldenen Fahne der Revolution um die Stadt herum. In Paris wurde sogar der König gestürzt und für kurze Zeit eine Demokratie verwirklicht.

Überall forderten Menschen die Abschaffung der Zensur und die Aufstellung einer Verfassung, die ihre Rechte garantierte. Eine Verfassung mit Regeln für das öffentliche Leben, nach denen sich auch Kaiser oder König zu richten hätten. Überrascht von der Gewalt des Aufbruches gaben die meisten Monarchien anfangs diesen Forderungen nach.

Erstens wurde die Zensur abgeschafft. Wo Zensur herrscht, müssen alle Texte, die veröffentlicht werden sollen (Zeitungen, Flugblätter, Aufsätze, Bücher), von einem staatlichen Zensor kontrolliert werden. So kam zum Beispiel Anfang 1848 ein Mann in Dresden ins Gefängnis, weil er ohne Erlaubnis Gedichte von Heinrich Heine veröffentlicht hatte. Die Abschaffung der Zensur war wichtig, damit Bürger für ihre politische Arbeit ungehindert ihre Schriften drucken konnten.

Zweitens wurden Reichstage einberufen. Das waren Versammlungen, die eine Verfassung ausarbeiten sollten. Doch bald kam es zu schweren Kämpfen, in den Straßen wurden Barrikaden errichtet. Die Soldaten zogen nicht gegen Truppen fremder Länder, sondern schossen auf die eigenen Landsleute. Sissi war damals noch zu jung, um diese Ereignisse zu verstehen. Aber aus der Geschichte des Jahres 1848 zog sie später ihre eigenen Schlüsse. Und gab ihrem Sohn Rudolf Ratschläge, der als Kronprinz dazu bestimmt war, selbst einmal Kaiser zu werden.

> *Befehle Deinem Militär*
> *Die Waffen abzulegen,*
> *Gib deinem Volk heut die Ehr',*
> *Gewiss bringt es Dir Segen.*

Die Habsburger verhielten sich 1848 allerdings anders. Feldmarschall Alfred Fürst zu Windischgrätz unterdrückte die Aufständischen von Prag mit Waffengewalt. Österreichische Truppen bekämpften Rebellen in Norditalien, die von König Carlo Alberto unterstützt wurden. Auf seiten der Habsburger schlug der junge Franz seine ersten Schlachten in der Lombardei bei Novara.

Dann gab es wieder Alarm in Wien! Der Hofstaat, inzwischen zurückgekehrt, mußte wegen neuerlicher revolutionärer Unruhen im Oktober erneut die Hauptstadt verlassen. Man zog ins nordmährische Olmütz (heute in der Republik Tschechien). Hier verzichtete schließlich Kaiser Ferdinand I., «der Gütige», am 2. Dezember 1848 zugunsten seines Neffen Franz auf den Thron der Donaumonarchie. Franz nahm in Erinnerung an seinen Uronkel Joseph, der durch eine gütige Regierung Vertrauen und Achtung vieler Untertanen gewonnen hatte, den Herrschernamen Franz Joseph I. an. Von guter Regierung oder gar Reformen war unter Franz Joseph zunächst aber nichts zu spüren. Kaiserliche Truppen des Feldmarschalls Fürst zu Windischgrätz hatten Wien inzwischen zurückerobert. Die Anführer der Revolutionäre wurden gnadenlos hingerichtet.

Franz Joseph, beraten von seiner Mutter, Windischgrätz und dem Staatskanzler Schwarzenberg, regierte mit harter Hand gegenüber den Aufständischen. Noch versprach der junge Kaiser, sich an die neue Verfassung zu halten. Allerdings brach er bald sein Wort, löste den Reichstag auf und erklärte die Verfassung für null und nichtig. Die Zensur hatte er schon vorher wieder einführen lassen. Mit brutaler Gewalt ließ er im Jahr darauf alle Unruhen in Ungarn zerschlagen. Hilfe erhielt er dabei vom russischen Zaren. In Norditalien kapitulierte schließlich auch Venedig.

Die «alte Ordnung» war wiederhergestellt. 1848, das Jahr der Revolutionen und Rebellionen, überstanden. Es sollte noch siebzig Jahre dauern, bis die europäischen Monarchien im Geschützfeuer des Ersten Weltkrieges untergingen.

In Österreich, damals nach Rußland dem größten europäischen Staat, gab es keinen Aufstand mehr.

600 000 Soldaten hielten die 40 Millionen Einwohner verschiedener Völker in Schach. Dort lebten neben anderen 16 Millionen Slawen, 8,5 Millionen Deutsche, 6 Millionen Italiener, 5 Millionen Ungarn und 2,7 Millionen Rumänen unter dem Dach der Habsburger Monarchie.

Das Reich erstreckte sich von Nordböhmen (heute Tschechien) bis nach Dalmatien (heute Kroatien). Von der Bukowina (heute Ukraine und Rumänien) bis zur Lombardei (heute Italien). Hier herrschte der junge Kaiser mit starker Polizei- und Militärgewalt. Es galt, was schon unter Metternich galt: Man sagte damals, die Herrschaft beruhe auf einem stehenden Heer von Soldaten, einem sitzenden Heer von Beamten, einem knienden Heer von Priestern und einem schleichenden Heer von Denunzianten.

Franz Josephs Regierungskraft beruhte auch auf der willenstarken Unterstützung durch seine Mutter Sophie. In der Erzherzogin sahen viele Beobachter die heimliche Kaiserin Österreichs. Und die ging «nach dem schwerdurchkämpften Jahre 48» jetzt daran, endlich eine Frau für ihren «Franzi» zu finden. Ihre Wahl fiel im Frühjahr 1853 – nach gescheiterten Versuchen in Berlin und Dresden – auf Helene in Bayern, die Tochter ihrer Schwester Ludovika. Die Reise nach Innsbruck vier Jahre zuvor hatte sich für Ludovika also gelohnt. Jetzt kam es darauf an, ein möglichst unverdächtiges Treffen zwischen Helene und dem Kaiser zu arrangieren.

Verlobung in Bad Ischl

Der Brief traf in Possenhofen ein, als man beim Frühstück zusammensaß. Ludovika las vor, Max schüttelte mit dem Kopf. Nein, er hatte absolut keine Lust nach Bad Ischl, dem kaiserlichen Kurort im Salzkammergut, zu reisen. «Wenn uns Sophie doch ausdrücklich beide zusammen mit Nené eingeladen hat!» Nein, nein, er würde nur alles verderben. «Ich tät Nené damit keinen Dienst.» Wenn es darum ging, eine Ausrede zu finden, um eine Begegnung mit Sophie zu vermeiden, war Max nie verlegen. «Du kannst ja Sissi mitnehmen.»

Die Herzogin blickte zu ihrer Tochter hinüber, die sie fröhlich überrascht und bittend ansah. Bad Ischl, das hieß neben den offiziellen Anlässen auch Ausflüge in die Wälder und an die Seen. Und außerdem sollte sich da ihre Schwester mit dem Kaiser von Österreich verloben. Wer, außer Vater Max, wollte da nicht mit dabeisein?

Ludovika dachte, ja, warum eigentlich nicht. Max könnte tatsächlich einen Mißton in dieses delikate Treffen bringen. Außerdem war eine Ablenkung für Sissi dringend nötig, nachdem sie sich so melancholisch gab, schwärmerischen Gedanken nachhing und sich stundenlang in ihr Zimmer einschloß. In Bad Ischl würde auch Karl Ludwig dabei sein, ein achtzehnjähriger Kavalier und eine gute Partie...

«Wie du willst. Dann nehme ich eben die Sissi mit!»

Voller Freude sprang das fünfzehnjährige Mädchen auf, lief zu ihrem Vater und umarmte ihn. «Bedank dich bei deiner Mutter», sagte er lachend. Die anderen Geschwister blickten neidisch auf die älteren Schwestern. Irgend etwas wie «Gemeinheit» murmelte Gackel vor sich hin. Nené schaute dagegen gedankenverloren über den Tisch in die Ferne. Und wenn er mich gar nicht mag? Ludovika war dagegen voller Tatendrang. «Zum Träumen ist jetzt keine Zeit mehr, Nené. Wir haben nur noch acht Wochen, und soviel ist nicht gerichtet!» Sophie erwartete sie am 16. August in Bad Ischl. Wenn alles gutging, könnte man zwei Tage später, am Geburtstag des Kaisers, die Verlobung bekanntgeben. So klug hatten die beiden Mütter sich das ausgedacht.

Wir wissen, es kam so und doch ganz anders. Zunächst aber brach in Possenhofen ungewohnt hektische Betriebsamkeit aus. Helene mußte Kleider anprobieren, durfte ihre Musikstunden nicht vernachlässigen, sollte ihr Französisch verfeinern und Konversation üben. Tante Elise, die preußische Königin, wurde auch zum Treffen in Bad Ischl erwartet. Ludovika wollte auf jeden Fall vermeiden, daß ihre Tochter sich blamieren könnte.

Um Sissi kümmerte sich niemand. Der Vater war die meiste Zeit in München. Und Richard... Ja, Richard war tot. Dieser Graf Richard S. hatte in herzoglichen Diensten gestanden. Als Ludovika bemerkte, daß Sissi sich in diesen «indiskutablen» Mann bis über beide Ohren verliebt hatte, schickte man ihn ins Ausland. Dort erkrankte er, kehrte noch einmal zurück und starb bald darauf. Sissi blieb tagelang in ihrem Zimmer und weinte. In ihr erstes poetisches Tagebuch, ein kleines Buch mit blauem Seidenumschlag, schrieb sie todtraurig:

> *Die Würfel sind gefallen,*
> *Ach, Richard ist nicht mehr!*
> *Die Trauerglocken schallen –*
> *Oh, hab Erbarmen, Herr!*
> *Es steht am kleinen Fenster*
> *Die blondgelockte Maid.*
> *Es rührt selbst die Gespenster*
> *Ihr banges Herzeleid.*

Sissi betrachtete sich jetzt häufiger im Spiegel, wenn sie sich unbeobachtet fühlte. Sie sah nun schon fast erwachsen aus. Immerhin würde sie Weihnachten sechzehn Jahre alt werden. Ihr Haar war voller, etwas dunkler, fast kastanienbraun geworden. Es reichte ihr bis zu den Kniekehlen, wenn sie es frei fallen ließ. Elisabeth blühte auf, doch in Possenhofen, wo sich alle um Helene kümmerten, bemerkte das weiter keiner. Die Aussicht, bald in die Berge ins Salzkammergut reisen zu können, hatte Sissi aus der Trauer um Richard gerissen. Vielleicht war sie auch ein bißchen neugierig auf den Bruder des Kaisers, der sie damals in Innsbruck so verlegen gemacht und über die Jahre Geschenke geschickt hatte.

In Wien hatte man im Frühsommer 1853 andere Sorgen. Es gärte erneut in den verschiedenen Nationen, Unmut gegen das strenge Militärregime machte sich Luft. In Mailand kam es zum blutigen Aufstand gegen die Österreicher, der ebenso blutig wieder zerschlagen wurde. Auch in Ungarn rumorte es. Im Februar war es zuvor in

Wien sogar zu einem Attentat auf den Kaiser gekommen. Ein ungarischer Schneidergeselle hatte Franz Joseph beim Spaziergang mit einem dolchartigen Messer in den Hals gestochen und ihn dadurch schwer verletzt. Dank der Kaltblütigkeit des Kaisers, der sich sofort gegen seinen Angreifer wendete, und des Muts eines Adjutanten, der ihn überwältigte, konnte Schlimmeres verhindert werden. Franz Joseph sagte anschließend zu seiner Mutter: «Jetzt bin ich mit meinen Soldaten blessiert, das ist mir lieb.»

Beim Militär war er schnell zu Ansehen gekommen. Allerdings hatte er bei den breiten Schichten des Volkes bisher nur als «Soldatenkaiser» gegolten. Seine Zurückhaltung war ihm oft als Hochmut ausgelegt worden. Nach diesem Attentat änderte sich das. Die Stimmung schlug um, und das Volk begann, Sympathie für «seinen» Kaiser zu empfinden. Als er sich darauf ohne militärischen Schutz wieder auf einer Promenade in der Öffentlichkeit zeigte, ließ man ihn hochleben.

Franz Joseph war und blieb sein ganzes Leben ein eher bescheidener, einfacher Mann. Er hatte, was sich im Verhältnis zu seiner Frau verheerend auswirken sollte, kaum Phantasie. Dafür zeigte er um so mehr Sinn fürs Praktische, das kam den Entscheidungen am kaiserlichen Schreibtisch zugute. Er trug meistens eine Generaluniform, die, eng geschnitten, seine eher zarte, schmale Gestalt betonte.

Er trug einen schweren, langen Titel: «Franz Joseph I. von Gottes Gnaden Kaiser von Österreich; König von Ungarn und Böhmen; König der Lombardei und Venedigs, von Dalmatien, Croatien, Slawonien, Galizien, Lodomerien und Illyrien; König von Jerusalem etc.; Erzherzog von Österreich; Großherzog von Toskana und Krakau; Herzog von Lothringen, von Salzburg, Steyer, Kärnten, Krain und Bukowina; Großfürst von Siebenbürgen, Markgraf von Mähren; Herzog von Ober- und Niederschlesien, von Modena, Parma, Piacenza und Guastalla, von Auschwitz und Zator, von Teschen, Friaul, Ragusa und Zara; gefürsteter Graf von Habsburg und Tirol, von Kyburg, Görz und Gradiska; Fürst von Trient und Brixen; Markgraf von Ober- und Niederlausitz und in Istrien; Graf von Hohenembs, Feldkirch, Bregenz, Sonnenberg etc.; Herr von Triest, von Cattaro und auf der windischen Mark; Großwoiwod der Wojwodschaft Serbien etc. etc.»

Der preußische Politiker Graf Bismarck, der ihn ein Jahr zuvor kennengelernt hatte, schrieb über ihn: «Der junge Herrscher dieses Landes hat mir einen sehr angenehmen Eindruck gemacht: zwanzigjähriges Feuer gepaart mit der Würde und Bestimmtheit reifen Alters, ein schönes Auge, besonders wenn er lebhaft wird, und ein gewinnender Ausdruck von Offenheit, namentlich beim Lächeln. Wenn er nicht Kaiser wäre, würde ich ihn für seine Jahre etwas zu ernst finden.»

Andere Zeitzeugen beschreiben ihn als außergewöhnlich hübschen jungen Mann mit blonden Haaren und einem weichen Gesicht. Er machte nach all den vergreisten und schwachsinnigen Vorgängern auf dem Thron eine hervorragende Figur. Er galt als leidenschaftlicher Jäger, aber auch als guter Tänzer, was sämtliche Wiener

Komtessen während der Ballsaison in Verzückung geraten ließ.

Weniger glücklich war seine politische Figur. Rußland erwartete 1853 Österreichs Hilfe in einem Krieg, der auf der Krim ausgebrochen war. Aber der junge Kaiser konnte sich nicht entscheiden. Was rieten ihm seine Minister? Einige Berater sprachen sich für das Eingreifen Österreichs an der Seite Rußlands aus, andere dagegen. Der Kaiser blieb unschlüssig. «Majestät müssen sich entscheiden!» Die Diplomaten drängten. Sollten sie. Ein Kaiser von Österreich mußte gar nichts.

Außerdem war da noch das Familientreffen in Bad Ischl, das seine Mutter gerade vorbereitete, und sein 23. Geburtstag. Und er sollte sich verloben. Wieder eine Entscheidung, eine viel wichtigere. Franz Joseph wußte, was Sophie von ihm erwartete. Und er versuchte, sich an die schwarzhaarige Kusine zu erinnern, die ihm im schrecklichen Jahr 48 in Innsbruck vorgestellt worden war. Die kleinen Bilder, die Miniaturen, die man ihm geschickt hatte, halfen seiner Erinnerung kaum auf die Spur. Helene? War das ein Name für eine Kaiserin von Österreich? Wie auch immer, der Zar von Rußland mußte warten. Der Kaiser von Österreich hatte zu tun. Auf nach Bad Ischl!

Dort zog Sophie die Fäden. Nichts haßte die Großherzogin mehr, als wenn ihr Zeitplan durcheinanderkam. Wo blieb bloß die Kutsche aus Bayern? Endlich mit gehöriger Verspätung traf Ludovika mit den Mädchen ein. Aber wie sahen die denn aus? Eine Tante war gestorben, man hatte zur Beerdigung einen Umweg machen müssen, deshalb die schwarzen Kleider. Und der andere Wagen mit der Dienerschaft, der das Gepäck und die Garderobe geladen hatte? Der war immer noch nicht eingetroffen. Dafür war der Kaiser schon da. In einer halben Stunde würden sie bereits erwartet, einen Kaiser aber läßt man nicht warten. Was tun?

Sophie schickte der aufgeregten Ludovika und ihren Töchtern eine Kammerfrau ins Hotel. Wenn sie schon in den schwarzen Reisekleidern vor Franz Joseph erscheinen sollten, dann wenigstens hübsch zurechtgemacht. Während die Zofe Helene half, richtete sich Sissi selbst ihre einfache Frisur und steckte ihre Zöpfe hoch.

Sophie beschrieb später die Szene in einem Brief. Trotz der Trauer «war Sissi reizend in ihrem ganz einfachen, hohen, schwarzen Kleid».

Die weiße Haut Helenes wirkte dagegen durch das schwarze Kleid noch blasser, Nené machte einen strengen, etwas unsicheren Eindruck und biß sich andauernd auf die Lippen. Vermutlich hat dieses Kleid über ihr zukünftiges Leben entschieden. Und über das ihrer Schwester Sissi.

Dann gingen sie zum Tee bei Sophie in die Villa Eltz, die spätere Kaiservilla. War es Liebe auf den ersten Blick? Wenn man Karl Ludwig glaubt, der sich offensichtlich Hoffnung auf Sissi gemacht hatte, ja. Nicht ohne Eifersucht erzählte er später seiner Mutter, «daß in dem Augenblick, als der Kaiser Sissi erblickte, ein Ausdruck so großer Befriedigung in seinem Gesicht erschien, daß man nicht mehr zweifeln konnte, auf wen seine Wahl fallen würde».

Beim anschließenden Essen war Sissi, die noch gar nicht bemerkt hatte, daß sich Franz Joseph nur für sie interessierte, ganz aufgeregt und bekam keinen Bissen herunter. Einer Kammerfrau sagte sie: «Die Nené hat es gut, denn sie hat schon so viele Menschen gesehen, aber ich nicht. Mir ist so bang, daß ich gar nicht essen kann.» Helene hatte es nicht gut. Sie mußte schon gespürt haben, daß für sie alles verloren war, noch bevor es richtig angefangen hatte. Der Kaiser hatte sich verliebt. Aber nicht in sie.

Am nächsten Morgen suchte Franz Joseph seine Mutter auf, die sich gerade erst angekleidet hatte. «Nein, wie süß Sissi ist, sie ist frisch wie eine aufspringende Mandel, und welch herrliche Haarkrone umrahmt ihr Gesicht! Was hat sie für liebe, sanfte Augen und Lippen wie Erdbeeren.» Sophie wollte abwehren, er möge es sich noch einmal überlegen. Was er denn von Helene halte? «Nun ja, etwas ernst und schweigsam, gewiß nett und lieb, ja, aber Sissi – Sissi – dieser Liebreiz, diese kleinmädchenhafte und doch so süße Ausgelassenheit!»

Am Abend vor dem Geburtstag fand ein Ball statt. Nené im herrlichen Kleid aus weißer Seide, Sissi in einem weißroten bescheidenen Musselinkleidchen. Es war Elisabeths erster offizieller Ball, bislang hatte sie immer nur mit einem Tanzlehrer getanzt. Wie würde es werden? Am ersten Tanz nahmen die bayrischen Schwestern nicht teil, den zweiten tanzte Sissi mit einem Adjutanten. Der beobachtete erstaunt, daß der Kaiser, der wieder nicht tanzte, Sissi nicht aus den Augen ließ. Hinterher flüsterte der Adjutant einem Freund zu: «Mir scheint, ich habe jetzt mit unserer künftigen Kaiserin getanzt.»

Dann kam der Kotillon, der wichtigste Tanz des Abends, eine Art Walzer mit Mehrpaartänzen. Franz Joseph vergaß seine Zurückhaltung und tanzte ihn mit Sissi. Zu ihren Füßen legte er alle seine Blumensträuße. Das war ein Zeichen, das nun alle verstanden. Alle bis auf Sissi. Die sagte später auf die Frage, ob sie sich nicht gefreut hätte: «Nein, es hat mich nur geniert.»

Am nächsten Tag feierte man Kaisers Geburtstag. Sophie schrieb an ihre Schwester Marie von Sachsen: «Beim Familiendiner war der Kaiser so stolz, daß Sissi, die neben ihm sitzen durfte, mit sehr gutem Appetit gegessen hatte! Nachmittags machten wir einen Ausflug nach Wolfgang. Wir gingen auch ein Stückerl zu Fuß. Ich war in meiner Kalesche mit den zwei Kleinen und dem Kaiser. Er muß sie wohl sehr gern haben, daß er es so lange in der geschlossenen Kalesche ausgehalten hat!» So ratterten sie in der Kalesche der Erzherzogin, einer leichtgebauten kleinen Kutsche mit zusammenklappbarem Verdeck, über die holprigen Wege des Salzkammergutes.

Sophie übermittelte dann offiziell ihrer Schwester Ludovika den Wunsch des Sohnes, der um die Hand von Elisabeth anhielt. Das Kind, so Franz Joseph behutsam, dürfe dabei nicht unter Druck gesetzt werden, denn das Leben an seiner Seite würde nicht leicht sein. Sissi war verwirrt. «Aber wie kann er nur an mich denken? Ich bin ja so unbedeutend.» Und dann sagte sie: «Ich habe den Kaiser so lieb! Wenn er nur kein Kaiser wäre!»

Wenn er nur kein Kaiser wäre ... Wie sagte Ludovika? «Dem Kaiser von Österreich gibt man keinen Korb.»

Daß ihre Tochter Helene grausam enttäuscht war,

störte Ludovika in diesem Augenblick überhaupt nicht. Sie hatte den Kaiser als Schwiegersohn. Das nur zählte. Sophie dagegen, die in vielen Briefen die Entscheidung ihres Sohnes bejubelte («Es ist uns in wenigen Stunden so viel Glück geworden, daß wir gar nicht mehr wissen, welcher Tag und wieviel Uhr es ist.»), hatte sicher Zweifel. Ihr Wirklichkeitssinn sagte ihr, daß Helene, von tiefer Religiosität und voller Pflichtgefühl, die würdigere Kaiserin geworden wäre.

Am folgenden Tag, die Sonne schien, ging man in die Pfarrkirche. Sophie ließ vor der Eingangstür Elisabeth den Vortritt. Eine Geste, die alle Anwesenden «mit Rührung» wahrnahmen, Sissi allerdings in ihrer Aufregung vermutlich nicht einmal bemerkte. Als das Paar die Kirche betrat, stimmte man die Volkshymne an: «Gott erhalt' uns Franz den Kaiser...» Am Ende der Messe führte Franz Joseph seine Verlobte vor den Altar und bat den Pfarrer: «Ich bitte Hochwürden, segnen Sie uns, das ist meine Braut.»

Im Ort wurde gefeiert und gejubelt. Sissi wurde von allen möglichen Verwandten und Angehörigen des Hofstaates beglückwünscht. Sie, die es haßte, angestarrt zu werden, fand sich plötzlich im Mittelpunkt aller Aufmerksamkeit. Ein paarmal brach sie in Tränen aus. Doch was sie auch tat, die Menschen waren begeistert. Sophie schrieb ihrer Schwester Marie: «Du kannst dir nicht vorstellen, wie reizend Sissi ist, wenn sie weint!»

Es folgten weitere Feste, Sissi wurde mit Geschenken überhäuft, während bereits die ersten offiziellen Vorbereitungen für die Ehe getroffen wurden. König Maximilian von Bayern mußte als Oberhaupt der Wittelsbacher Dynastie seine Zustimmung geben. Auch der Papst in Rom mußte einen sogenannten Dispens (eine Erlaubnis) erteilen. Denn die Eheleute waren Cousin und Cousine ersten Grades. Von zwei Familien, die in der Vergangenheit schon etwa zwanzigmal untereinander geheiratet hatten. Hätte man damals schon gewußt, wie verhängnisvoll sich Erbkrankheiten bei Inzucht verbreiten, wäre diese Ehe vielleicht nie angebahnt worden. Aber medizinisches Wissen über Erbschäden steckte in jenen Jahren noch in den Kinderschuhen.

Zur Erinnerung an die Verlobung kaufte Erzherzog Sophie die Villa, in der sich Franz Joseph und Sissi zum erstenmal begegnet waren. Sie ließ sie ein paar Monate später als «Kaiservilla» ausbauen. Der Grundriß wurde in Form eines «E» angelegt. «E» wie Elisabeth.

Inzwischen hatte man sich Ende August in Salzburg «sehr zärtlich» getrennt. Franz mußte zurück zu seinem Krieg. Elisabeth mußte nach Possenhofen und München, um im Schnellkurs zu lernen, was Helene die vergangenen vier Jahre so fleißig geübt hatte. Ihre Aussteuer mußte vorbereitet werden, wer hatte denn auch damit gerechnet, daß das Kind... Alles Schuld von Max, weil der auf die Reise nach Bad Ischl verzichtet hatte.

Ludovika war wie immer aufgeregt. Helene war todunglücklich. War Sissi glücklich? Vielleicht, noch... Sehr viel später sagte sie: «Die Ehe ist eine widersinnige Einrichtung. Als fünfzehnjähriges Kind wird man verkauft und tut einen Schwur, den man nicht versteht und dann 30 Jahre oder länger bereut und nicht mehr lösen kann.»

Im goldenen Käfig

Lebet wohl, ihr stillen Räume,
Lebe wohl, du altes Schloß.
Und ihr ersten Liebesträume,
Ruht so sanft in Seesschoß.

Lebet wohl, ihr kahlen Bäume,
Und ihr Sträucher, klein und groß.
Treibt ihr wieder frische Keime,
Bin ich weit von diesem Schloß.

Der letzte Winter bis zur Hochzeit im April 1854, den Sissi in Possenhofen verbrachte, verging wie ein wehmütiger Abschied von ihrer Jugend. Viel Zeit zum Nachdenken blieb ihr indessen nicht. Sie mußte Sprachen lernen und sich mit dem höfischen Protokoll auseinandersetzen. Die Etikette verlangte zum Beispiel, daß bei offiziellen Anlässen keine Person mit der Kaiserin sprechen durfte, wenn diese nicht vorher das Wort an jemanden gerichtet hatte.

Sie übte, sich vorschriftsmäßig zu kleiden. Der Gedanke, daß sie neue Schuhe nur einen Tag lang tragen dürfte, war ihr allerdings ein Greuel. Sie nahm Tanzunterricht, lernte österreichische Geschichte – und putzte sich besser die Zähne. Es war dem scharfen Auge Sophies nicht entgangen, daß Sissi beim Treffen in Bad Ischl ziemlich schlechte Zähne hatte.

Sie lernte viel und lernte doch nichts über die damals brennenden Probleme Österreichs, die ihren zukünftigen Mann so beschäftigten. Krieg drohte, im Land herrschten Arbeitslosigkeit und Hunger. So verstand sie kaum, daß Franz Joseph bei seinen seltenen Besuchen in Possenhofen sich immer wieder zurückzog, um Botschafter aus Wien zu empfangen. Es war schon eine Last, mit einem Kaiser verlobt zu sein.

«Wenn er doch nur ein Schneider wäre», beklagte sie sich darüber bei ihrer Mutter. Als er einmal viel früher als geplant wieder abreisen mußte, weinte Sissi bitterlich und schloß sich, wie bei Richards Tod, in ihr Zimmer ein. Franz Joseph, kaum zurück in Wien, war verliebter als je zuvor: «Ich kann den Augenblick gar nicht mehr erwarten, wo ich nach Possenhofen reisen kann, um Sissi wieder zu sehen, an die ich unaufhörlich denken muß.»

Eines der größten Probleme für die Familie war die Brautausstattung. Was für Helene jahrelang vorbereitet worden war, mußte jetzt für Sissi in wenigen Monaten geschaffen werden. Kleider, Schuhe, Stoffe und nützliche Gegenstände vom Schirm bis zum Kamm. Nein, Sissi war keine gute Partie, wie die Wiener Adelswelt bald abschätzig feststellte. Geld und Besitz galten damals alles in der österreichischen Hauptstadt. Neben dem untadeligen Stammbaum natürlich. Und wie es schien, war die zukünftige Kaiserin ja nicht einmal erstklassiger Abstammung. Von ihrem merkwürdigen Vater ganz zu schweigen. Noch bevor Sissi überhaupt nach Wien kommen sollte, wurde deutlich, daß man ihr dort das Leben schwermachen würde.

*Porträt des jungen Kaiserpaares,
vier Jahre nach der Hochzeit in Wien.*

Nach unseren heutigen «bürgerlichen» Vorstellungen sieht die Ausstattung, die sie mit in die Ehe nahm, ganz ordentlich aus: vier Ballkleider, 17 Schlepp- oder Staatskleider, 14 Seidenkleider und 19 Sommerkleider, außerdem 4 Krinolinen. Das waren die weitausladenden Unterrockgestelle aus Fischbein. Durch festes Schnüren der Korsetts wurde die Taille besonders betont. Spezielle Korsetts mußte eine vornehme Dame sogar beim Reiten tragen, Sissi besaß vier davon.

Dazu kamen viele andere Stücke, über die genaue Listen aufgestellt und veröffentlicht wurden. Zum Beispiel die Unterwäsche: 12 Dutzend Hemden, meist aus Batist mit Spitzen, 3 Dutzend Nachthemden, 14 Dutzend Strümpfe, 10 Nachtjäckchen aus Musselin und Seide, 12 gestickte Nachthauben, 3 Negligé-Häubchen, 24 Nachthalstücher und 6 Dutzend Unterröcke aus Seide und Flanell. Aber Sissi schien sich nicht sonderlich dafür zu interessieren. Lieber saß sie verträumt vor dem Spiegel und kämmte, ohne auf die Zeit zu achten, ihr Haar. Sollte sie dagegen ein Kleid anprobieren, wurde sie schnell ungeduldig und reagierte gereizt.

Die Auswahl der Kleider mochte ja noch durchgehen. Der Rest war in den Augen der damaligen Zeit für eine Kaiserbraut wirklich dürftig. Kaum verheiratet, mußten neue Schuhe für 700 Gulden angeschafft werden. Das war für damalige Verhältnisse eine hohe Summe. (Ein Leutnant erhielt zu jener Zeit etwa 300 Gulden im Jahr als Sold.)

Im März wurde schließlich der Ehevertrag abgeschlossen. In diesem Vertrag sicherte Franz Joseph seiner zukünftigen Frau ein eigenes Einkommen von 100000 Gulden im Jahr zu. Davon sollte sie «Kleider, Almosen und kleinere Ausgaben» bestreiten. Natürlich neben den täglichen Ausgaben wie «Tafel, Wäsche und Pferde, Unterhalt und Besoldung der Dienerschaft und sämtliche Hauseinrichtung», die der Kaiser bezahlte. Ihr Privatvermögen belief sich auf 50000 Gulden, die sie von ihrem Vater mit in die Ehe bekam. Zu dieser Summe legte der Kaiser noch einmal 100000 Gulden dazu. Und wie üblich erhielt die Braut «nach vollzogenem Ehebündnis eine Morgengabe» von 12000 Dukaten. Die goldenen Gitterstangen eines Käfigs, wie sie bald erfahren sollte.

Elisabeth war plötzlich eine reiche Frau. Eine unermeßlich reiche, wenn man ihr Einkommen plus Privatvermögen mit dem Einkommen eines Arbeiters vergleicht. Der bekam (bei 12 Stunden Arbeit täglich außer Sonntag) im Durchschnitt 200 Gulden im Jahr. Sein Privatvermögen war gleich Null. Dabei mußte er dankbar sein, wenn er überhaupt Arbeit hatte.

Ob Sissi diese tiefe Kluft zwischen zwei Welten je gespürt hat? Immerhin wußte sie, wie es bei Bauern und Handwerkern in der Umgebung zuging, hatte zusammen mit ihrer Mutter Kranken- und Armenhäuser besucht. Auch nach der Hochzeit ließ sie sich mit wachsendem Interesse besonders Häuser für Geisteskranke zeigen. Der direkte Kontakt zur Umwelt indes wurde der Kaiserin praktisch verwehrt. Auch das gehörte zum goldenen Käfig.

Daß Franz Joseph in Geldangelegenheiten allerdings nicht so frei schalten und walten konnte, wie man glauben möchte, zeigt die Bitte zur Sparsamkeit beim Umbau der Sommervilla in Bad Ischl: «...daß das Ganze womöglich nicht mehr kostet, als vorangeschlagen ist, da es mir mit meinen Finanzen sehr knapp geht.»

Der alte Kaiser Ferdinand lebte ja noch. Der hatte zwar auf den Thron verzichtet, nicht aber auf sein Vermögen und die Einkünfte aus den habsburgischen Gütern. In einem Jahr beliefen sie sich auf mehrere Millionen Gulden. Erst mit dem Tod von Ferdinand im Jahr 1875 verbesserte sich die finanzielle Situation von Franz Joseph erheblich.

Und nun stand noch die Hochzeit vor der Tür, für die sich Wien wochenlang herausputzte. Es sah aus, als wollte die Stadt alle politischen Ängste und sozialen Probleme hinter Wimpeln, Girlanden und Blumengebinden verstecken. Als Sissi mit Eltern und Geschwistern in drei Tagesetappen von München nach Wien reiste, wurde sie überall enthusiastisch empfangen. Der Ruf ihrer jugendlichen Schönheit hatte sich im ganzen Land verbreitet. Und es gab nur wenige, die sich nicht von der Begeisterung anstecken ließen.

Man fuhr zunächst mit der Kutsche bis Straubing. Dort stieg die ganze Gesellschaft auf ein rosageschmücktes Donaudampfschiff um. Überall am Ufer Fahnen, winkende Menschen. So auch auf der Strecke. Immer wieder mußte man anlegen, es gab Reden, Blumensträuße, Geschenke. Und alle wollten die Braut sehen. Noch jahrelang erzählten sich die Leute von dieser Reise.

Franz Joseph begrüßte Sissi in Linz, der ersten Station auf österreichischem Boden, und ritt dann eilig zurück nach Wien, zur offiziellen Begrüßung. Dort in Nußdorf kam die Braut am Nachmittag des 22. April an.

Wenn man der Schriftstellerin Joan Haslip glauben will, hat sich die Szene so abgespielt: Elisabeth stand auf dem Deck. Sie trug ein einfaches rosafarbenes Kleid mit einem Spitzenumhang; ein rosengeschmückter Hut umrahmte ihr reizendes Gesicht. Einen Augenblick lang schien sie angesichts der zahllosen Gesichter und des aufbrandenden Jubels unsicher zu werden. Doch dann erblickte sie den Kaiser, der sie am Anlegesteg erwartete. Ein strahlendes Lächeln überzog ihr Gesicht, sie faßte sich wieder und winkte den begeisterten Menschenmassen zu.

Ein Augenzeuge berichtete: «Kaum hatte das Dampfschiff am Kai angelegt, als der junge Kaiser auf seine künftige Gemahlin zueilte und sie *coram populo* umarmte. Die Prinzessin, groß, schlank, von majestätischer Haltung und klassischen Zügen, obwohl fast noch ein Kind, eroberte im Fluge alle Herzen. Viel Landvolk, aber wenig Personen vom Hofe und aus der Gesellschaft standen längs des Ufers. Auf allen Physiognomien war eine sanfte und freudige Gemütsbewegung zu bemerken. Jeder schien sich mit dem kaiserlichen Brautpaar eng verbunden zu fühlen.»

Es war wohl nicht nur die jugendliche Schönheit, welche die Leute so begeisterte, nicht nur die Rührung, die jede Hochzeit hervorruft. Das Volk setzte in diesen harten Zeiten große Hoffnung darauf, daß neben dem eher pedantischen und pflichtbewußten Kaiser eine junge Frau sich der Nöte der Menschen annehmen könnte. Wie es in unzähligen Hochzeitsgedichten zum Ausdruck kam:

Die Völker rüsten und Europa zittert,
Zerfahren sind die Herzen und verbittert.
O glänzt kein Stern von künft'ger Seligkeit,
Kein Stern des Friedens durch die Nacht der Zeit,
Als Hoffnungsstern, wenn's endlich ausgewittert?

Dieser Stern war in den Augen vieler einfacher Menschen Elisabeth von Österreich. So hieß Sissi offiziell nach ihrer Hochzeit am 24. April um sieben Uhr abends in der Wiener Augustinerkirche. Das Gotteshaus war mit rotem Samt drapiert und von 15 000 Kerzen taghell erleuchtet. Sissi hatte nach ihrer Ankunft in Wien unzählige Empfänge über sich ergehen lassen müssen. Und sich bei ihrer Mutter beklagt, «wie ein Monstrum im Zirkus zur Schau gestellt zu werden». Dieses «Monstrum» war nach einhelliger Meinung der Menge vor der Kirche eine «Märchenprinzessin». Und eine solche Märchenprinzessin gehört an einem solchen Tag nicht sich selbst, sondern allen.

Der Tradition nach blieb sie unverschleiert und trug ein mit Myrthenblüten übersätes weißsilbernes Kleid. Der Pomp um sie herum muß erdrückend gewesen sein, als fast tausend Ehrengäste nach der Trauung wieder aus der Kirche drängten. Ein Chronist schrieb: «Alles, was der Luxus auf seinem Höhepunkte, vereint mit dem größten Reichthum und wahrhaft kaiserlichem Pompe zu bieten vermag, blendete hier das Auge, namentlich was das Geschmeide anbelangt, kann man wohl sagen, daß ein Meer von Edelsteinen und Perlen an dem staunenden Blick der Versammelten vorüberwogte. Besonders schienen die Diamanten in dem Glanze der reichen Beleuchtung sich zu vertausendfachen, und machten durch ihre Farbenpracht einen magischen Eindruck.»

Nach der Trauung ging es mit Glückwunschaudienzen weiter. Familie, Verwandte, Hofstaat und die bessere Wiener Gesellschaft. Immer wieder neue Namen, neue Gesichter. Am Ende stellte die Oberhofmeisterin dem frisch vermählten Paar sogar «die Palast- und appartementmäßigen Damen, ferner die Kaiserlich-königlichen ersten Oberhofmeister und die Kavaliere des Hofstaates vor. Die Damen wurden hierauf zum Handkuß zugelassen.»

Sissi war müde, gereizt und sah blaß aus. Wer waren diese Leute, was wollten die von ihr? Mußte sie sich heute von ganz Österreich anstarren und die Hand küssen lassen? Die junge Kaiserin geriet in Panik, flüchtete in ein Nebenzimmer und brach in Tränen aus. Das Getuschel im Saal läßt sich vorstellen. Als sie endlich mit verweintem Gesicht wieder an ihrem Platz stand, war sie unfähig, nur ein Wort an die Vorbeiziehenden zu richten. Die aber durften die Kaiserin nicht selbst ansprechen. Die peinliche Stille muß erdrückend gewesen sein. Schließlich erkannte sie zwei Verwandte unter den vielen Unbekannten und wollte sie freudig umarmen. «Wir sind ja Kusinen!» erklärte sie, als sie das Entsetzen in ihrer Umgebung bemerkte. Sophie griff ein und bestand auf dem kalten Protokoll. Nur einen Handkuß, egal, ob verwandt oder nicht. Für Sissi war das Protokoll leere Form, für Sophie eine Demonstration kaiserlicher Macht. Der Konflikt zwischen Elisabeth und ihrer Schwiegermutter begann sich zuzuspitzen.

Als sie am Abend zum erstenmal im Ehebett lag, versteckte sie ihr «hübsches, von einer Fülle schönem Haar umflossenes Gesicht in ihrem Kopfpolster, wie ein erschreckter Vogel sich in seinem Nest versteckt». Erinnerte sich Sophie, als sie dem Brauch gemäß ihren Sohn ins Zimmer der Braut führte.

Dieser Konflikt mit Sophie sollte bereits während der Flitterwochen offen ausbrechen. Das Paar verbrachte sie in Schloß Laxenburg bei Wien. Nach der Abreise der Eltern und der Geschwister fühlte sich Sissi verlassen. Und sehnte sich zurück in ihre Heimat. Aufschluß gibt uns eines der ersten Gedichte, die sie in Wien schrieb.

> *Es kehrt der junge Frühling wieder*
> *Und schmückt den Baum mit frischem Grün*
> *Und lehrt die Vögeln neue Lieder*
> *Und macht die Blumen schöner blüh'n*
>
> *Doch was ist mir die Frühlingswonne*
> *Hier in dem fernen, fremden Land?*
> *Ich sehn' mich nach der Heimat Sonne*
> *Ich sehn' mich nach der Isar Strand.*
>
> *Ich sehn' mich nach den dunklen Bäumen,*
> *Ich sehn' mich nach dem grünen Fluß,*
> *Der leis in meinem Abendträumen*
> *Gemurmelt seinen Abschiedsgruß.*

Kaum haben die Flitterwochen begonnen, schon überfällt die Braut unstillbares Heimweh? Die politischen Umstände verhinderten eine angemessene Hochzeitsreise. Franz Joseph ließ sich jeden Morgen nach Wien in die Hofburg an seinen Schreibtisch fahren und kehrte erst abends zurück. Dafür kam die Erzherzogin Sophie jeden Tag aus Wien nach Laxenburg, um aus dem «wilden Kind» eine Kaiserin zu modellieren.

Sissi war umgeben von Hofdamen, die nicht ihr, sondern Sophie gehorchten. Ihre Oberhofmeisterin Gräfin Esterházy-Liechtenstein war älter als ihre Mutter und strenger als jede Gouvernante in Possenhofen. Den wenigen glücklichen Stunden mit ihrem Mann standen unglückliche Tage gegenüber. Tage, in denen sie viel geweint hatte.

Ihrer Hofdame Marie Festetics erzählte sie später, als sie Laxenburg einmal wieder besuchte: «Ich fühlte mich so verlassen, so einsam. Der Kaiser konnte tagsüber natürlich nicht hier sein, er ist täglich in der Früh nach Wien gegangen. Um sechs Uhr ist er zum Diner zurückgekehrt. Bis dahin war ich den ganzen Tag allein und hatte Angst vor dem Augenblick, da Erzherzogin Sophie kam. Denn sie kam jeden Tag, um jede Stunde zu spionieren, was ich tue. Ich war ganz à la merci dieser ganz bösartigen Frau. Alles war schlecht, was ich tat. Sie urteilte abfällig über jeden, den ich liebte. Alles hat sie herausbekommen, weil sie ständig gespitzelt hat. Das ganze Haus hat sie so gefürchtet, daß alle zitterten. Natürlich haben sie ihr alles mitgeteilt. Die kleinste Sache war eine Staatsaffäre.»

Sie durfte nicht allein ausreiten und nicht spazierengehen, wann sie wollte. Dauernd mußte sie sich umkleiden. Sie weigerte sich, ihre Schuhe nach einem Tag an ihre

Kammerfrauen zu verschenken. Die rümpften wiederum die Nase über eine Herrin, die nicht einmal die simpelsten Regeln kannte.

Sissi war sechzehn Jahre alt, intelligent, gefühlvoll, freiheitsliebend. Sie verachtete jeden Hochmut und überflüssige Formalien. Am Wiener Hof aber zählte weder Intelligenz noch Gefühl, und schon gar nicht Freiheit. Hier war der Standesdünkel der Aristokratie zu Hause, und die immergleiche Form war die immer wiederkehrende Bestätigung ihrer Herrschaft.

Die Erzherzogin wird im nachhinein vielfach in die Rolle der «bösen Schwiegermutter» gedrängt. Es war indes alles andere als Böswilligkeit, was ihr Verhalten bestimmte. Sophie hatte unter schwächlichen Kaisern und Höflingen Autorität gewonnen. Der Gatte war ihr geistig unterlegen, und ihre Söhne nahmen ihre Führungsrolle widerspruchslos an. Sie hatte auf den Titel als Kaiserin verzichtet, um ihrem Ältesten den Weg auf den Thron zu ebnen. Franz Joseph verdankte ihr alles.

Ohne die Erzherzogin Sophie hätten die Habsburger das kritische Jahr 1848 vermutlich weniger glimpflich überstanden. Die Monarchie und ihre Werte wie Gottesgnadentum des Kaisers, Ablehnung jeder Mitbestimmung durch das Volk und die enge Verbindung von Staat und Kirche waren durch Sophies Entschlossenheit wieder stabilisiert worden. In diese Wertordnung mußte sich auch die Frau des Kaisers fügen. Sie hatte im Interesse und zum Nutzen des Kaiserreiches eine Rolle zu spielen. Dabei kam es nicht auf persönliche Eigenschaften und Wünsche an. Allein darauf, daß die Frau des Kaisers

*Die junge Elisabeth auf einer Lithographie,
die nach dem Porträt von Franz Ruß gefertigt wurde.*

eben als Kaiserin auftreten mußte. Und nicht als Elisabeth. Genau dieses wollte die Erzherzogin mit ihrer «Erziehung» erreichen.

Ihr Fehler war, daß sie nicht die Chance für die Erneuerung der Monarchie erkannte, die Elisabeths Talente mit sich brachten.

Sophie dachte nicht an Zukunft, sondern an Traditionen, als sie Sissi nach ihrem Bilde formen, in ihr Rollenverständnis zwingen wollte.

Erst ein paar Jahre später, als die junge Kaiserin eine Hauptrolle bei der Versöhnung mit Ungarn spielen sollte, wurde deutlich, wie nützlich Elisabeth auf ihre Art hätte wirken können. Wenn man sie nur gelassen hätte.

Die vielleicht größte Enttäuschung für sie war Franz Joseph. Er stimmte seiner Frau gefühlsmäßig zu, gehorchte aber immer seiner Mutter. So zerbrach etwas in Sissi schon in diesen ersten Tagen ihres Erwachsenenlebens. Im Mai 1854, zwei Wochen nach der Hochzeit, schrieb sie Verse, die ein trauriges Leben lang für sie gültig bleiben sollten:

> *Oh, daß ich nie den Pfad verlassen,*
> *Der mich zur Freiheit hätt' geführt.*
> *Oh, daß ich auf der breiten Straßen*
> *Der Eitelkeit mich nie verirrt!*
>
> *Ich bin erwacht in einem Kerker,*
> *Und Fesseln sind an meiner Hand.*
> *Und meine Sehnsucht immer stärker –*
> *Und Freiheit! Du, mir abgewandt.*

Krise und Unabhängigkeit

Oft komme ich mir vor wie dicht verschleiert, ohne es zu sein, wie in einer innerlichen Maskerade: im Kostüm einer Kaiserin.» Gegenüber ihrem Griechischlehrer Christomanos beschrieb Sissi fast dreißig Jahre später die Isolation, die sie am Hof erlebte. Auch wenn sie sich gegen Ende ihres Lebens einen enormen Freiraum erkämpft hatte, blieb sie in Wien doch die einsame Frau wie bereits in der zweiten Hälfte der fünfziger Jahre: «Man liebt die Kaiserin hauptsächlich, weil man ihr zuliebe selbst etwas sein kann... Jeder Gruß hat seinen Zweck, jedes Lächeln will bezahlt werden.»

Franz Joseph erging es nicht besser. Er aber hatte nie etwas anderes kennengelernt. Sein Pflichtgefühl und sein Gehorsam gegenüber Sophie ließen ihn nicht ausbrechen. Marie Valerie, die 1868 auf die Welt kommen sollte, beschreibt später das «Erziehungssystem» der Erzherzogin. Es habe zum Zweck gehabt, «Papa und seine Brüder zu isolieren, von jeder Intimität mit der übrigen Familie fernzuhalten; sie wie auf einer Insel haltend, meinte sie, ihnen mehr Autorität vor den anderen zu verschaffen, sie vor Einflüssen zu schützen».

Noch hatte die junge Kaiserin keine Vertrauten am Hof. Sie war umgeben von Personen, die es vielleicht gut mit ihr meinten, aber im Auftrage der Erzherzogin Sissi zu erziehen trachteten. Jede Abweichung wurde dem

Kaiser oder seiner Mutter gemeldet. Eine der wenigen Vergnügungen, die Sissi in Wien hatte, waren die Ausritte.

Sie wurde sich der Bedeutung ihrer Schönheit bewußt und ließ sich in die Reitkleidung einnähen. Damit sie wie angegossen saß. Eine Zofe erzählte, «daß der Schneider, nachdem sie die Taille (den oberen Teil des Kleides) angezogen hatte, den Rock darannähte. Den Grund dieser seltsamen Marotte habe ich nie einsehen können. Sie trug hohe Schnürstiefel mit winzigen Sporen und zog drei Paar Handschuhe übereinander; der unvermeidliche Fächer wurde stets in den Sattel gesteckt.» Keine leichte Arbeit für Schneider oder Schneiderin, die nach den Regeln des Hofes den Körper der Kaiserin auf keinen Fall berühren durften.

Allerdings mußte Sissi bald auf die geliebten Ausritte verzichten. Nach einer mühsamen Schwangerschaft kam im März 1855 ihre erste Tochter zur Welt. Ein Mädchen also, nicht der erhoffte Thronerbe. Bald nach der Geburt übernahm die Erzherzogin die Aufsicht über das Kind. Sie hatte auch den Namen festgelegt, auf den es getauft werden sollte: Sophie. Sissi wurde gar nicht gefragt. Und wenn sie die kleine Sophie sehen wollte, mußte sie ein paar Treppen steigen, wo das Kind neben den Wohnräumen der großen Sophie untergebracht war.

Erst später rebellierte sie gegen die Entfremdung von ihren Kindern. Stärker als alles andere war anfangs das Verlangen, nur den Fesseln des Hofes zu entkommen. Sie reiste ohne Kind bald nach Possenhofen zu den Eltern. Stundenlang wanderte die Kaiserin in den Bergen, und wenn sie zurückkehrte, waren die Hofdamen halbtot vor Erschöpfung. Zum Entsetzen ihres Stallmeisters wetteiferte sie mit ihrem Vater und den Brüdern in Reiterkunststücken und sprang mit kühner Beherztheit über die höchsten Hindernisse.

Man kehrte nach Bad Ischl zurück, wo sich der Kaiser selbst um die Eskapaden seiner Frau kümmern sollte. Der aber genoß in einfacher Jägerkleidung genauso die Unabhängigkeit vom Zeremoniell. Es müssen für Sissi herrliche Tage in Bad Ischl gewesen sein. Sophie war in Wien geblieben, und die Kaiserin hatte ihren immer noch verliebten Franz Joseph ganz für sich.

Zu jener Zeit schlossen Kirche und Staat einen neuen Vertrag (ein Konkordat) über die Rechte der Kirche ab. Darin wurde der Geistlichkeit unter anderem die Aufsicht über das Schulsystem übertragen. Die Bischöfe konnten nicht nur über Inhalte des Unterrichts, sondern sogar über die Auswahl der Lehrer entscheiden. Besonders das Ausland staunte, daß der junge Kaiser der Kirche und dem Papst wieder Privilegien zurückgab, «was die Weisheit seiner Vorfahren Rom im Laufe der Jahre abgerungen hat», wie ein Botschafter schrieb. Aber immer noch stand Franz Joseph völlig im Bann seiner Mutter. Und diese sah im engen Bündnis mit der Kirche die beste Garantie für die Sicherung eines Kaisertums von Gottes Gnaden. In das sich keine Menschen, schon gar nicht Bürgerliche oder «Demokraten», einzumischen hatten.

Sissi kümmerte sich anfangs überhaupt nicht um Politik. Auch weil Franz Joseph darüber nur mit der Erzherzogin sprach. Elisabeth beschwerte sich dagegen über mangelhafte Beheizung und Lüftung ihrer Wohnräume. Im Winter zog es, im Sommer war es stickig. Auch beklagte sie sich, daß es weder in der Hofburg noch in Schloß Schönbrunn ein einziges Badezimmer gab. Die Schwiegermutter hatte mit Sissis Wünschen wenig Geduld. Sie meinte, die Paläste der Kaiserin Maria Theresia wären für ein Mädchen, das auf einem Landgut aufgewachsen sei, doch wohl gut genug. Sissi gab zurück, in Possenhofen habe man immerhin Badewannen und nicht das «mittelalterliche» Wiener System von Waschschüsseln.

Fließend Wasser blieb lange Zeit unbekannt. Erst sehr viel später sorgte Sissi für entsprechende Umbauten. Wie wir aus einem Brief von Franz Joseph aus Bad Ischl Juli 1896 an sie erfahren: «Ich habe Valérie Deine Aufträge ausgerichtet, habe Dein Badezimmer praktisch gefunden, nur steht der neue Abschwemmarnyészék (ungarisch für Wasserklosett) vollkommen öffentlich im Zimmer. Das Wasser kommt, wie mir Zellner sagte, aus der Wasserleitung am Jainzen, mittels eines in der Nähe des Cottage neu errichteten Reservoirs.»

Zunächst mußte sie sich mit den bestehenden hygienischen Verhältnissen abfinden. Auch als im Juli 1856 Gisela auf die Welt kam – es war also wieder kein Junge. Und wieder sorgte Sophie für die weitere Erziehung. Erst zehn Jahre später, bei der Geburt ihres vierten Kindes Marie Valerie, setzte Sissi endlich ihre Mutterrechte durch: «Erst jetzt weiß ich, welche Glückseligkeit ein Kind bedeutet. Jetzt habe ich schon den Mut gehabt, es zu lieben und bei mir zu behalten. Meine anderen Kinder hat man mir sofort weggenommen. Es war mir nur dann erlaubt, die Kinder zu sehen, wenn Erzherzogin Sophie die Erlaubnis dazu gab. Sie war immer anwesend, wenn ich die Kinder besuchte. Endlich gab ich den Kampf auf und ging nur noch selten hinauf.»

Die Auseinandersetzungen mit dem Hof hielten an. Sei es wegen einer harmlosen Spende für die protestantische Kirche in Attersee, sei es nach einer riskanten Bergtour, immer versuchte Sophie Sissi an ihre Pflichten als katholische Kaiserin zu erinnern. Der Hof klatschte, und die Erzherzogin ereiferte sich über die «Verdrehtheiten» ihrer Schwiegertochter, die nicht genügend essen wollte. Und die stundenlang in ihrem Turn- und Gymnastikraum trainierte. Zum Entsetzen aller hatte sie den neben ihren Zimmern in der Hofburg einrichten lassen. Als wäre sie eine Artistin und keine Kaiserin!

Umgekehrt reagierte Sissi immer häufiger mit «Unpäßlichkeiten». Unter diesem Vorwand blieb sie den ungeliebten offiziellen Veranstaltungen fern, bei denen das Protokoll herrschte. Nur bei gemeinsamen Reisen mit ihrem Mann, weit weg vom Hofzeremoniell, schien Sissi glückliche Stunden verbringen zu können. Wien dagegen, und alles was damit zusammenhing, wurden ihr zeitlebens verhaßt.

Aber es gab auch offizielle Reisen, die sie im Auftrag des Staates zu unternehmen hatte. Zur Demonstration seiner Macht in Italien unternahm Franz Joseph im Winter 1856/57 eine mehrmonatige Reise nach Venetien und in die Lombardei. Sissi, die langsam Selbstvertrauen gewann, wollte sich nicht mehr so lange von ihren Kindern trennen. Sie setzte durch, daß wenigstens die kleine Sophie mitfahren durfte. Das war nicht ungefährlich, denn man mußte mit Terroranschlägen gegen die Kaiserfamilie rechnen. In Oberitalien gärte es. Wegen der zum Teil brutalen Unterdrückung durch die Österreicher herrschte eine deutlich feindliche Stimmung im Land. Die hohen Gäste blickten in stumme, finstere Gesichter, als sie in Venedig auf dem Markusplatz eintrafen. Der italienische Adel blieb anfangs vielen Empfängen fern – oder schickte seine Dienerschaft in die Scala, als im Mailänder Opernhaus zu Ehren der Majestäten eine Galaveranstaltung gegeben wurde. Das war eine unglaubliche Brüskierung.

Nach und nach besserte sich die Stimmung. Franz Joseph erkannte an Ort und Stelle die Unsinnigkeit vieler Unterdrückungsmaßnahmen. Er schaffte die reine Militärverwaltung des greisen Generals Radetzky ab und übertrug seinem eigenen Bruder, Erzherzog Max, die Aufgabe, als Zivilgouverneur ins Land zu gehen. Es war allerdings das Auftreten der jungen Kaiserin, die viel zum Gelingen der Reise beitrug. Sissis Schönheit hätte sein «Italien besser erobert, als es seine Soldaten und Kanonen hätten tun können», schrieb Franz Joseph nach Wien. Dabei war auch für ihn abzusehen, daß Österreich nicht lange gegen eine ganze Nation regieren konnte, die Unabhängigkeit verlangte.

Bald darauf besuchte das Kaiserpaar Ungarn. Dort hatte sich der Widerspruch gegen Wien ebenfalls gefährlich zusammengeballt. Und wie in Italien änderte sich die

*Das junge Kaiserpaar mit den beiden Töchtern.
Erzherzogin Sophie hält die kleine Gisela auf dem Schoß,
Sophie schmiegt sich an den Vater.
Erzherzog Franz Carl, der Großvater,
in repräsentativer Geste.*

Stimmung überall da, wo das Kaiserpaar öffentlich auftrat. Besonders die Reitkünste der Kaiserin beeindruckten die Ungarn. Franz Joseph erließ eine Amnestie und ermöglichte so die Rückkehr vieler Flüchtlinge, die nach der gescheiterten Revolution von 1848/49 ausgewandert waren. Zum Beispiel des Grafen Andrássy aus Paris. Wiederum gegen den Willen der Erzherzogin hatte Sissi diesmal beide Kinder mit auf die Reise genommen. Die zweijährige Sophie erkrankte unterwegs und starb. «Wir sind vernichtet», telegrafierte der Kaiser seiner Mutter.

Während Franz Joseph den furchtbaren Verlust bald in der Routine der Alltagsgeschäfte überwand, machte sich Sissi schwere Vorwürfe. Sie schloß sich ein, wurde krank, unternahm Hungerkuren, die ihren Körper noch mehr schwächten. Dann wurde sie wieder schwanger und begann sich zu pflegen. Im August 1858, endlich, kam der Thronfolger auf die Welt: Rudolf. Noch am Tag seiner Geburt beförderte ihn Franz Joseph zum Oberst. Er konnte sich für seinen Sohn keine andere Zukunft vorstellen als die an der Seite des Militärs.

Politisch spitzten sich die Probleme immer deutlicher zu. Es gab Krieg in Italien. Der Kaiser übernahm selbst die militärische Führung im Land, während Sissi in Wien kränklich zurückblieb. Er erinnerte sie an ihre Pflichten: «Ich bitte Dich, um der Lieben Willen, die Du mir geweiht hast, nehme Dich zusammen, zeige Dich manchmal in der Stadt, besuche Anstalten. Du weißt gar nicht, was Du mir dadurch helfen kannst. Das wird die Leute in Wien aufrichten und den guten Geist erhalten, den ich so dringend brauche.»

1857 fotografierte Egon Hanfstaengl die junge Kaiserin; im selben Jahr starb ihre kleine Tochter Erzherzogin Sophie.

Der Krieg ging unter entsetzlichen Verlusten nach den Schlachten bei Magenta und Solferino verloren. (Unter dem Eindruck der Verwundeten und Toten gründete der Schweizer Henri Dunant seine Hilfsorganisation, die er Internationales Rotes Kreuz nannte.) In Österreich, das nun die Lombardei verloren hatte, nahm die Kritik an der offiziellen Politik des Hofes zu. Die Steuern für das Militär wuchsen von Jahr zu Jahr, das Land arbeitete praktisch nur noch für die Kriegskasse. Es war nicht einmal genug Geld da, die Verwundeten zu pflegen. Sissi organisierte ein Spital in Laxenburg – und sympathisierte ein wenig mit der oppositionellen Haltung gegen das militärische Regime ihres Mannes.

Dann kam es zu einem Bruch, der entscheidend werden sollte. Bislang war Franz Joseph der einzige Mensch am Hofe, zu dem Sissi Vertrauen hatte. Nun erfuhr sie von möglichen Seitensprüngen ihres Mannes. Gab es noch andere Frauen in seinem Leben? Sollte sie jetzt so leiden, wie sie es bei ihrer Mutter Ludovika erlebt hatte? Bedeutete das die endgültige Einsamkeit?

Daß Franz Joseph in diesen konfliktreichen Jahren und in der Dauerfeindschaft zwischen Sophie und Sissi die eine oder andere Abwechslung gesucht haben mag, ist nicht unwahrscheinlich. Nach damaligem Moralbegriff wurde so etwas einem Mann auch viel leichter nachgesehen als einer Frau. Sissi war damals zweiundzwanzig Jahre alt und seit sechs Jahren verheiratet. Eifersucht, mangelnde Erfahrung, tiefe seelische Verletzung, durch Krankheit und aufreibenden Alltag angegriffene Nerven – alles das kam wohl zusammen.

Die Kaiserin reagierte anfangs mit ungewöhnlicher Vergnügungslust, ja Vergnügungssucht. Im Frühjahr 1860, in dem ganz Österreich seine Toten beweinte oder verletzte Heimkehrer pflegte, organisierte sie laufend Ballveranstaltungen. Diese Trotzhaltung schlug bald um: Sissi wurde wieder krank. Diesmal schwer. Die Ärzte waren ratlos. Der andauernde Husten ließ auf eine Lungenkrankheit schließen. Die Patientin war ungeduldig, lehnte alle Kuren ab. Im Gegenteil: um ihre überreizten Nerven zu bekämpfen, unternahm sie lange, schnelle Ritte, wanderte stundenlang, turnte bis zur Erschöpfung. Franz Joseph hielt gar nichts davon. Er reiste nach Bad Ischl. Allein.

Die Kaiserin reiste zu ihrer Mutter. Ludovika in einem Brief: «Sissi ist magerer geworden und sieht, wenn nicht übel, so doch nicht so blühend aus wie vorigen Sommer; auffallend ist aber der Husten, der sehr zugenommen, so daß man doch der Meinung ist, ein wärmeres Climat müsse ihr zuträglich sein.»

Ein wärmeres Klima. Sissi entschied sich zu aller Überraschung für die portugiesische Atlantikinsel Madeira. Bei der Überfahrt litten die Mitreisenden, einschließlich der Ärzte, an Seekrankheit. Alle, außer der angeblich todkranken Kaiserin. Die sechs Monate auf der Insel brachten vor allem Langeweile und weniger die erwünschte Heilung. Sissi schrieb nach Wien: «Überhaupt möchte ich immer weiter, jedes Schiff, das ich wegfahren sehe, gibt mir die größte Lust, darauf zu sein, ob es nach Brasilien, nach Afrika oder ans Kap geht, es ist mir einerlei, nur nicht so lange an einem Fleck sitzen.»

Die Krankheit verschwand, tauchte wieder auf, verlief mal stärker, ebbte dann wieder ab. Eine Krankheit, die vermutlich mehr seelische Gründe als körperliche Ursachen hatte. Die Kaiserin kehrte nach Wien zurück, brach bald darauf nach Korfu ins englisch besetzte Griechenland auf. Nach einigen Monaten kam sie heim – und fuhr schnell weiter zu einer erneuten Behandlung ins bayrische Bad Kissingen. Erst dort, nach fast zwei Jahren Ehekrise, kam es zu einer Art Versöhnung zwischen Elisabeth und Franz Joseph. Trotz seiner Seitensprünge liebte er sie bis an sein Lebensende, war geradezu abhängig von ihr.

Aber sie hatten sich nicht mehr so viel zu sagen wie früher. Sissi las viel, schrieb eigene Gedichte, wollte über Heine und Shakespeare reden. Der «Sommernachtstraum» war ihr Lieblingsstück auf dem Theater. Der Kaiser war eher schlichteren Gemüts, er konnte mit diesen «Wolkenkraxeleien», wie er sie nannte, nichts anfangen.

Überhaupt war er wortkarg. So stockte an der Tafel auch im größeren Kreis immer wieder die Konversation. Keiner durfte ja von sich aus Kaiser oder Kaiserin anreden. «Es ist der größte Schrecken der Könige, immer fragen zu müssen», bemerkte sie einmal gegenüber ihrem Griechischlehrer Christomanos. Eine andere Etikette war vielleicht noch unangenehmer. Wenn der Kaiser aufhörte zu essen, mußten dies auch die Umsitzenden tun. Dann wurden sofort die Teller abgetragen. Zum Leiden der Gäste war der Kaiser ein genügsamer, soldatisch asketischer Mensch. Auch Sissi gehörte, wie wir wissen, nicht zu den starken Essern. Deshalb eilten nach solchen Diners Erzherzöge und Herzöge samt Anhang ins Restaurant des Hotel Sacher neben der Hofburg, um sich erst einmal satt zu essen. Hier durfte dann endlich geschehen, was man bei Hofe sowieso am liebsten tat: klatschen und tratschen.

In Wien, wo man die «Verdrehtheiten» der Kaiserin immer mehr kritisierte, zeigte Sissi neues, unbekanntes Selbstbewußtsein. Sie erreichte, daß ihre Überwachung bei öffentlichen und privaten Auftritten eingeschränkt wurde. Sogar Franz Joseph beschwerte sich über die polizeistaatlichen Methoden: «Wenn wir im Garten spazieren gehen, werden wir auf Schritt und Tritt verfolgt und beobachtet, wenn die Kaiserin in ihren kleinen Garten geht oder reitet, steht eine förmliche Plänklerkette hinter den Bäumen und sogar, wenn wir spazierenfahren, finden wir an den Orten unserer Promenade die bekannten Leute, so daß ich jetzt das Rettungsmittel erfunden habe, dem Kutscher beim Wegfahren einen falschen Weg zuzurufen, um den Stabsadjutanten irre zu führen und erst außer dem Schloß den Kutscher anweise, wohin er zu fahren hat. Es ist wirklich eigentlich zum Lachen.»

Dann gab es einen Vorfall, bei dem sich das neue Selbstbewußtsein der Kaiserin zeigte. Die Erziehung des kleinen Rudolf, sein Lehrer Gondrecourt betrieb sie auf Anweisung der Erzherzogin mit schärfsten Drillmethoden, setzte dem gefühlvollen Jungen hart zu. Rudolf war ganz der Sohn seiner Mutter. Er galt als phantasievoll, musisch begabt, nachdenklich-zögernd – das erklärte Gegenteil eines Soldaten, den Vater und Großmutter aus ihm machen wollten. Seine überdies «zarte Constitution» vertrug den Drill nicht. Er reagierte zunehmend überreizt und wurde schließlich schwer krank.

In der Auseinandersetzung mit Sophie war jetzt ein Punkt erreicht, wo es nicht nur um Sissis Gesundheit ging, sondern auch die ihrer Kinder. Die junge Kaiserin war inzwischen stark genug, um die offene Rebellion zu riskieren: «Entweder geht Gondrecourt oder ich!»

In einem harschen Brief diktierte sie dem Kaiser ihre «Unabhängigkeitserklärung»: «Ich wünsche, daß mir vorbehalten bleibe unumschränkte Vollmacht in Allem, was die Kinder betrifft, die Wahl ihrer Umgebung, den Ort ihres Aufenthaltes, die complette Leitung ihrer Erziehung, mit einem Wort, alles bleibt mir ganz allein zu bestimmen, bis zum Moment ihrer Volljährigkeit. Ferner wünsche ich, daß, was immer meine persönlichen Angelegenheiten betrifft, wie unter anderem die Wahl meiner Umgebungen, den Ort meines Aufenthaltes, alle Änderungen im Haus p. p. mir allein zu bestimmen vorbehalten bleiben.» Unterschrift: Elisabeth. Ischl, 27. August 1865.

Franz Joseph hat in seinem Leben wohl nur zwei Menschen aufrichtig geliebt: seine Mutter und seine Frau. Und er war dauernd in Sorge, keinem von beiden weh zu tun. Doch immer, wenn er der einen nachgab, verletzte er die andere. Diesmal gab er Sissi nach. Zu groß war die Angst, sie nach der Ehekrise ein zweites Mal zu verlieren.

Endlich bekam Rudolf mit Oberst Latour einen Erzieher, der auf Sissis ausdrücklichen Wunsch eine «liberale» Pädagogik vertrat. Geistige Bildung erhielt Vorrang vor der körperlichen. Bei der Auswahl verschiedener Fachlehrer wurde zum erstenmal nach Eignung und wissenschaftlicher Leistung gefragt. Und nicht nach ihrer Zugehörigkeit zum Adel. Ein ungeheurer Vorgang, der hohe Wellen schlug. Aber Elisabeth schützte Latour. Damit schützte sie auch die liberale Erziehung des Thronfolgers. Bald stand er der Kirche und dem höfischen System genauso kritisch gegenüber wie seine Lehrer. Und seine Mutter.

Königin von Ungarn

Aus jeder der vielen Sprachen, die sie mit bewunderungswürdiger Vollendung beherrscht, macht sie Musik. Spricht sie Ungarisch, dann ist es wirklich, als ob eine Quelle singende Tropfen, einen nach dem anderen, in langer Wehmut fallen ließe.» Sissis Griechischlehrer Christomanus gehört sicher nicht zu den Kritikern der Kaiserin. Aus dieser Bemerkung können wir allerdings nicht nur seine Begeisterung heraushören, sondern auch ihre. Nämlich die für Ungarisch.

Mit dem ersten Besuch verliebte sich Sissi offensichtlich in dieses Land. Darüber hinaus stachelte die Erzherzogin Sophie den Ehrgeiz ihrer Schwiegertochter an. Mit der Bemerkung, sie brauche kein Ungarisch zu lernen, die Sprache sei viel zu schwer. Sissi hatte tatsächlich Probleme mit den wichtigsten Fremdsprachen in ihrem Reich: Tschechisch, Italienisch, Kroatisch und eben Ungarisch. Aber inzwischen war Sophie für die junge Kaiserin längst zu einer Negativfigur geworden. So daß sie am liebsten das Gegenteil davon tat, was Sophie für wichtig hielt. Sissi kannte genau Sophies Abneigung gegen Ungarn. Im Revolutionsjahr 1848 hatte dieses Land den Habsburgern manche Demütigung zugefügt. Zwei Dinge kamen also zusammen: ihre spontane Liebe für dieses Land und die Chance, gegen Sophies Übermacht zu rebellieren. Deshalb lernte Sissi mit Begeisterung. Und bald konnte sie zur Überraschung aller Ungarisch fast fehlerfrei sprechen.

Als sie fünfundzwanzig Jahre alt war, kam Ida Ferenczy, eine junge, neunzehnjährige Adelige, in ihr Gefolge. Als Vorleserin eingestellt, wurde diese Gesellschafterin ihre lebenslange Vertraute. Kein Wunder: Sie war die erste Hofdame, die sich im Dauerkonflikt mit Sophie auf die Seite von Elisabeth stellte. Und sie war Ungarin.

Ida wiederum stand in Kontakt mit ungarischen liberalen Politikern wie Graf Andrássy und Franz Deàk, die für die Eigenständigkeit Ungarns unter der Herrschaft von Habsburg eintraten. Für eine Doppelmonarchie Österreich-Ungarn also. Das wiederum wollten konservative Kräfte am Hof in Wien genauso verhindern wie radikale Nationalisten in Budapest. Die träumten von einem eigenen Staat und einem eigenen König.

Es gibt keine Beweise, und doch scheint Ida konsequent Sissi mit den Ideen der ungarischen Liberalen beeinflußt zu haben. Bei einem Besuch in Wien sah die Kaiserin zum erstenmal den feurigen Grafen Andrássy. Andrássy war damals 42 Jahre alt. Seinen Freunden galt er als Held, seinen Feinden als Schurke. Halb Lebemann, halb Kavalier, «der kühnste Lügner seiner Zeit und gleichzeitig der indiskreteste aller Großsprecher», wie ein zeitgenössischer Beobachter notierte. Ein toller Typ, dem die Frauen nachliefen. Als Sissi bei der ersten offiziellen Audienz in ungarischer Nationaltracht erschien (ein weißes Seidenkleid mit schwarzem Mieder, an dem reiche Verschnürungen in Diamanten und Perlen ausgeführt waren) und sie auch noch in fast fehlerfreiem Ungarisch mit ihren Gästen parlierte, muß sich Andrássy in sie verliebt haben. Und Sissi ein bißchen in ihn. Sicher, für beide war das nur ein Spiel. Dennoch galt seit dieser Begegnung die Kaiserin als begeisterte Fürsprecherin für die ungarische Sache.

In einem Brief an Andrássy schrieb sie: «Wenn des Kaisers Angelegenheiten in Italien schlecht gehen, so schmerzt es mich; wenn aber das gleiche in Ungarn der Fall ist, so tötet mich das.» Andrássy wiederum konnte nicht abwarten, sie als Königin in Budapest gekrönt zu sehen. Allerdings stieß die Forderung Ungarns nach Gleichstellung mit Österreich sowie eine Krönung von Franz Joseph in Budapest zum König von Ungarn weiter auf Widerstand. Das hätte nämlich eine Erniedrigung anderer Reichsteile von Italien bis Böhmen bedeutet.

Gegen den Widerstand der Hofpartei trat das Kaiserpaar im Januar 1866 eine Reise nach Ungarn an. Sissi war, trotz wiederholter Krankheit, in ihrem Element. Wenn in Wien das Protokoll sogar den Kaiser diktatorisch in feste Rollen zwang, konnte man sich in Budapest immer wieder darüber hinwegsetzen. «Sissi ist mir von großer Hilfe durch ihre Höflichkeit, ihren maßhaltenden Takt und ihre gute ungarische Sprache, in welcher die Leute aus schönem Mund manche Ermahnung lieber anhören», schrieb Franz Joseph nach Wien. Andere Berichte zeugten dagegen von der Empörung des Wiener Hofs, wenn sich die Kaiserin wieder einmal lange mit Andrássy unterhalten hatte. Auf Ungarisch! Das nämlich verstanden viele Höflinge nicht, weil es ihnen zu unbedeutend erschienen war, diese Sprache zu lernen.

*1867 wurde Kaiser Franz Joseph zum König von Ungarn gekrönt.
Sissi trug zu diesem Anlaß ein ungarisches Krönungskleid.*

Der politische Himmel verdüsterte sich bei der Rückkehr nach Wien allerdings aus ganz anderen Gründen. Im Jahr 1866 verlor Österreich endgültig seine oberitalienischen Besitzungen. Und als preußische Truppen nach einem verheerenden Sieg über die Soldaten des Kaisers bei Königgrätz Richtung Wien marschierten, floh Sissi zum Entsetzen der Großherzogin Sophie mit den Kindern nach Ungarn. Das aber war ein politisch kluger Schachzug, um einen möglichen Aufstand gegen Österreich auch in Ungarn zu verhindern. Er hätte in diesem Augenblick vermutlich das Ende der Donaumonarchie unter den Habsburgern bedeutet.

Sissis Einsatz für die Sache Ungarns kommentierte Andrássy in seinem Tagebuch: «Sicher ist, daß wenn ein Erfolg erreicht wird, Ungarn der schönen Vorsehung, welche über ihm wacht, mehr zu danken haben wird, als es ahnt.» Die «schöne Vorsehung» – nur eine Umschreibung für «Kaiserin». Wirklich, Sissi tat alles, um Franz Joseph zu überzeugen. Am Hof schaffte sie sich damit wieder neue Feinde. Aber Sissi gab nicht auf.

Dann war es endlich soweit. Im Februar 1867 teilte sich das Kaiserreich Österreich in einen Doppelstaat Österreich-Ungarn mit zwei Hauptstädten: Wien und Budapest. Graf Andrássy wurde zum ersten Ministerpräsidenten Ungarns ernannt. Das österreichische Stammland bekam nun auch wieder eine Verfassung und ein Parlament. Feierlich wurde Franz Joseph am 8. Juni 1867 in der Mathiaskirche von Budapest zum König von Ungarn gekrönt. Und Sissi zur Königin.

Das Land bedankte sich bei seiner neuen Königin mit

dem Landgut Gödöllö bei Budapest, das man ihr zum Geschenk machte. In einem Brief an ihre Mutter schrieb die junge Besitzerin: «Hier lebt man so ruhig ohne Verwandte und Seccaturen u. dort [in Wien] diese ganze kaiserliche Familie! Auch bin ich hier ungeniert wie am Lande, kann allein gehen und fahren.» Vor allem aber konnte sie reiten!

Elisabeth bedankte sich bei ihrem Mann auf ihre Weise. Nachdem sie jahrelang gezögert hatte, noch ein Kind zu bekommen, gab sie jetzt diese Weigerung auf. Und dieses Kind sollte nicht dem kalten Wiener Hof ausgeliefert werden. Drei Monate vor der Geburt zog Sissi nach Budapest.

> *O Ungarn, geliebtes Ungarnland!*
> *Ich weiß dich in schweren Ketten.*
> *Wie gerne böt ich meine Hand,*
> *Von Sklaverei dich zu retten!*
>
> *Es starben für Freiheit und Vaterland,*
> *der hehren Helden nicht wenig.*
> *Könnt knüpfen ich mit euch ein inniges Band,*
> *Euren Söhnen jetzt schenken den König.*

«Euren Söhnen jetzt schenken den König?» In Wien tuschelte man: Kommt vielleicht ein Rivale des Thronfolgers zur Welt? Ein zukünftiger König von Ungarn?

Der Klatsch über die Freundschaft der Kaiserin mit Graf Andrássy hatte seinen Höhepunkt erreicht. Sicher war der Begegnung mit diesem Mann eine intensive Beziehung gefolgt, die sich in einem langen Briefwechsel bis zum Tod von Andrássy im Jahr 1890 ausdrückte. Sissi sagte später darüber: «Ja, das war eine treue Freundschaft, und sie war nicht durch Liebe vergiftet.» Sie meinte damit die körperliche Liebe, die ihr zeitlebens offenbar wenig Vergnügen bereitet hatte.

Aber es wurde kein Junge. Im April 1868 schenkte Elisabeth in Budapest einer kleinen Marie Valerie das Leben. Die Kleine sah keineswegs Gyula Andrássy ähnlich, sondern Franz Joseph. Marie Valerie war das erste Kind, um das sich die Kaiserin mit einer Inbrunst kümmerte, als wäre es wirklich ihr erstes – und einziges. Kronprinz Rudolf, der sein Leben lang um die Anerkennung seiner Mutter buhlte, sollte schnell mit deutlicher Eifersucht gegenüber der kleinen Schwester reagieren.

Im Hofstaat wuchs mit jeder «Verdrehtheit» Sissis die Kritik an ihr. Hatte sie vergessen, daß sie nicht nur Königin von Ungarn, sondern auch Kaiserin von Österreich war? Elisabeth wiederum versuchte, sich soviel wie möglich ihren Repräsentationspflichten zu entziehen. Wenn es denn gar nicht anders ging, wie auf einer Fronleichnamsprozession, stand sie natürlich im Mittelpunkt: «Der Gang der Kaiserin glich dem Dahingleiten eines schönen Schwanes auf dem Wasser. Bis zum letzten Moment hatte man geglaubt, sie würde nicht erscheinen, denn diese Schönheit liebt weder die Sonne noch die Öffentlichkeit.»

Auf wachsenden Klatsch und Kritik reagierte sie mit zunehmender Verweigerung. In ihrem poetischen Tagebuch finden wir Sissis Spott über die Höflinge in Wien.

Oh, ich kenn' Euer Gebaren!
Weiss, wie Ihr mich schwer geschmäht
Schon seit meinen Jugendjahren
Und Euch fromm dabei verdreht.

Ja, auf andere die Steine
Werfen könnt Ihr meisterlich!
Unter falschem Heil'genscheine
Thut man dann so gütlich sich.

Elisabeth nahm immer weniger am Familienleben in der Hofburg, ihrer «Kerkerburg», teil. Sie reiste (mit Marie Valerie) nach Bayern, nach Ischl und natürlich nach Ungarn auf ihr Gut Gödöllö. Ob Weihnachten oder Geburtstage, der Kaiser blieb, von seiner Umgebung aufrichtig bedauert, an vielen Festtagen mit seinen zwei Kindern und Sophie allein.

Der alten Erzherzogin hatte eine weitere Tragödie schwer zugesetzt. Ihr Lieblingssohn (Ferdinand) Maximilian war erschossen worden. Maximilian, ein lebenslustiger, nicht allzu ernster, nicht sehr zuverlässiger Mann (in allem Gegenteil von seinem Bruder Franz Joseph), hatte sich zunächst als Gouverneur von Italien in Triest ein prächtiges Schloß am Meer bauen lassen. Doch ein Angebot des französischen Kaisers Napoleon III. trieb Max schnell wieder aus dem feindlich gesinnten Italien. Max sollte Kaiser eines neuen Reiches in Mexiko werden. Gegen den Rat seiner Mutter schiffte er sich in Triest zu einem tödlichen Abenteuer ein. Im mittelamerikanischen Land brach nach langen Unruhen ein Aufstand gegen den europäischen Kaiser aus. Und niemand kam ihm zu

Hilfe. Weder Napoleon, noch der Papst, noch sein Bruder. Maximilians Frau, Charlotte von Belgien, reiste verzweifelt von Hof zu Hof, von Hauptstadt zu Hauptstadt, klagte, bettelte, flehte um Hilfe. Umsonst. Zehn Tage nach der Krönung von Franz Joseph zum ungarischen König wurde Maximilian in Mexiko erschossen. Charlotte verlor darüber den Verstand.

Nach ihrem großen Einfluß in der Ungarnfrage hielt Sissi sich jetzt von Politik fern. Ob freiwillig oder nicht, kann man nicht den Quellen entnehmen. «Ich habe zu wenig Respekt vor der Politik», sagte sie später einmal, «und erachte sie eines Interesses nicht wert ... Überhaupt ist das Ganze ein solcher Selbstbetrug! Die Politiker glauben die Ereignisse zu führen und werden immer davon überrascht.»

Und die Außenpolitik, Majestät, die Beziehungen zu anderen Staaten, die Diplomatie? «Die Diplomatie ist nur dazu da, um von den Nachbarn irgendeine Beute zu ergattern.» Es waren wirklich kriegerische Zeiten.

Die Erzherzogin Sophie mußte erleben, wie ihre konservative Welt zusammenbrach: Italien verloren, Ungarn gleichberechtigt, Maximilian gestorben, Franz Joseph Wachs in der Hand seiner Frau. Und in Deutschland sollten sich schließlich Bayern und Sachsen notgedrungen mit Preußen verbünden? Sophie notierte in ihr Tagebuch: «All diese Neuigkeiten für und wider ... versetzen mich in einen Gefühlskonflikt. Meine armen Neffen von Sachsen und Bayern ... müssen für die preußische Sache!! kämpfen, die der Ruin Sachsens und Bayerns ist!! ... Daß Gott ihnen Hilfe gebe.»

Als sich Wilhelm I. nach dem Sieg der Preußen über Frankreich in Versailles 1871 zum deutschen Kaiser ausrufen ließ, brüskierte Sissi wieder einmal den Hof. Sie kümmerte sich nicht weiter um die Weltlage und reiste mit den Töchtern Gisela und Marie Valerie zur Kur nach Meran. Wenn Franz Joseph sie sehen wollte, sollte er doch nachkommen.

Mit auf die Reise ging eine neue Gesellschafterin, die Gräfin Festetics. Sie hatte die tollsten Gerüchte über die Kaiserin gehört und sich vor der Aufgabe gefürchtet. Die neue Hofdame stellte hingegen fest, daß Elisabeth zwar so wenig wie möglich in Wien bleiben wollte, aber unterwegs ein sehr zurückgezogenes Leben führte. Die Gräfin schrieb in ihr Tagebuch: «Bis jetzt sehe ich nur, daß die Kaiserin viel allein spazieren geht mit ihrem großen Hund ... daß sie einen dicken blauen Schleier trägt – daß, wenn sie Jemand mitnimmt, es die Ferenczy ist, und sie den Leuten ausweicht – das ist Alles höchst bedauerlich – aber doch eigentlich nichts Schlechtes.»

Im Mai 1872 starb die Erzherzogin Sophie im Alter von 67 Jahren. Böse Stimmen am Hof meinten, «unsere letzte Kaiserin» sei verschieden. Auf jeden Fall war eine Epoche zu Ende gegangen.

Sissi zog es derweil immer wieder nach Ungarn. Sie schüttete dort das Herz ihrem besten Freund aus, wie sie später Christomanos anvertraute. «In Gödöllö gibt es einen Baum, der mein bester Freund in dieser Welt ist ... Jedesmal, wenn ich hinkomme, und bevor ich abreise, gehe ich zu ihm, und wir blicken uns einige Minuten schweigend an. Er ist der Vertraute meines Lebens; er

*Sissi war eine brillante Reiterin
und berühmt für ihre verwegenen Ausritte.*

weiß alles, was in mir ist und was in der Zwischenzeit geschieht, solange wir uns entfernt sind; er wird es auch niemand sagen.»

Schade.

Spiegel ihrer Schönheit

Sie geht weniger als sie wandelt – eher könnte man sagen, sie gleitet – den Oberkörper leicht nach rückwärts und in die schlanken Hüften gewiegt ... Die Falten ihres Kleides schmiegen sich an sie, gleichsam unabhängig von der Weichheit ihrer Bewegungen ... Ihre ganze Gestalt, allzu fließend, um nur schlank genannt zu werden, seufzt wie eine Zypresse zum Himmel, flutet wie eine Welle, wenn sie ruht und atmet ...»

Das sind Sätze des Studenten Constantin Christomanos, offensichtlich verliebt in seine Schülerin Elisabeth von Österreich, deren Griechisch er verbessern sollte. Aber selbst wenn im Überschwang der Liebe ihm die eine oder andere Übertreibung aus der Feder fließt, so handelt es sich doch bei der Beschreibung um eine Frau von gut fünfundfünfzig Jahren, die nicht nur ihren Lehrer und Vorleser in Bann schlug.

Schönheit blieb ihre wichtigste Waffe in der lebenslangen Fehde mit dem Wiener Hofstaat. Mochte sie auch anfangs bei der Konversation versagen, tanzen wie eine schüchterne Komtesse oder mit verrückten Einfällen das Protokoll peinlich durcheinanderbringen. Mit ihrer zunächst jugendlichen, dann fraulichen Erscheinung wurde sie, wo immer sie auftrat, zum strahlenden Mittelpunkt.

«Nun habe ich auch die Frau des Kaisers von Österreich zu Gesicht bekommen», schrieb der Schah (Kaiser) von Persien Nasir od-Din, der in den siebziger Jahren Europa bereiste. «Sie ist auf jeden Fall die schönste Herrscherin von all den Frauen an den europäischen Höfen, denen ich bisher begegnet bin. Sie hat eine wunderschöne, weiße Haut und die Gestalt einer Zypresse, eine Majestät vom Scheitel einer prächtigen Haarfülle bis zur Sohle.» Ihrem orientalischen Gast zu Ehren trug sie ein weiß-silbernes Kleid mit der purpurnen Schärpe und eine mit Edelsteinen (Amethysten und Diamanten) besetzte Krone im Haar, das ihr offen in Locken über den Rükken fiel. Der Schah war begeistert: «An diesem mit Frauenschönheiten nicht sonderlich gesegneten Hof ist ihre Erscheinung ein Labsal... Ich drückte dies auch dem neben mir an der Tafel sitzenden Kaiser aus. Ich glaube, daß er sich über diese meine Feststellung gefreut hat.»

Von wegen. Der Kaiser war wie immer in diesen Fällen sehr eifersüchtig und wußte nicht recht, ob er sich ärgern oder lieber lachen sollte. Mit der ihm eigenen Vernunft entschied er sich für letzteres.

Als Fünfzehnjährige galt Sissi eher als «bäuerliche Schönheit». Daß Franz Joseph sich für sie und nicht für ihre Schwester Helene entschied, hatte vermutlich etwas damit zu tun, daß sie sich natürlich, ungekünstelt gab. Eine vollkommen andere Art, als sie die Damen am Wiener Hof pflegten.

Zur interessanten Erscheinung, die ganz Europa faszinierte, entwickelte sich die Kaiserin erst später, vor allem nach der Ehekrise mit etwa zweiundzwanzig Jahren. Bereits auf der Reise nach Madeira hatte sie glühende Verehrer wie den Grafen Hunyady. (Er wurde dann eilig nach Wien zurückberufen.) Ihn hat sie wohl wie viele behandelt, die sie anbeteten. Mit der überlegenen Kühle einer Frau, die ihre Schönheit im Gegenüber spiegeln wollte. Einer Dame, die Verehrung, Anbetung, Huldigungen genoß, jedoch keinerlei Annäherung erlaubte.

Schönheit war für sie eine Art Philosophie. Alles um sie herum mußte ästhetischen Reiz haben. Sogar die Hofdamen, oder wenigstens ihre Favoritinnen unter ihnen, suchte sie danach aus. Zusammen mit ihrer ebenfalls bildschönen Schwester Marie zelebrierte Sissi gemeinsame Auftritte in der Öffentlichkeit. In Budapest erschienen beide gleich angezogen zu einem Empfang in großen, dunkelblauen Staatskleidern aus Samt – die Gäste lagen ihnen zu Füßen.

Sissi legte sich, der Mode der Zeit folgend, eine «Schönheitsgalerie» an. Sie ließ aber nicht wie ihr Vetter Ludwig II. in München Gemälde schöner Frauen malen, sondern sammelte Fotos auch unbekannter Schönheiten. Die österreichischen Botschafter in aller Welt wurden angehalten, nach solchen Fotos Ausschau zu halten und sie nach Wien zu schicken.

Elisabeth verbrachte etliche Stunden bei ihrem Schneider mit dem Anprobieren. «Tante betrachtete die Hauptaufgabe, sich gut zu kleiden, als die Pflicht einer Kaiserin. ‹Die Leute erwarten, daß ich immer schön und elegant aussehe›, sagte sie oft zu mir... ‹Manche Fürsten kleiden sich wie Spießbürger und bilden sich ein, ihre Würde verleihe ihnen hinreichend Glanz. Doch da irren sie sich, ihre Untertanen bedauern schmerzlich ihre geschmacklose Erscheinung.›» Das berichtete ihre Lieblingsnichte Marie von Larisch-Wallersee, die im Gefolge der Kaiserin lebte. Marie war die Tochter von Sissis Bruder Ludwig, der heimlich eine Schauspielerin geheiratet hatte. Die Bühnenkünstlerin wurde dann, um den Skandal abzuschwächen, in den Adelsstand erhoben.

Gleichwohl wollte Sissi ihrem Charakter entsprechend keine «öffentliche Schönheit» sein. Sie lehnte es ab, als «Schaustück allein für das Wiener Theaterpublikum» zu gelten. Ihre Schönheit war ihr Privateigentum. Wenn sie wollte, konnte sie es für Kaiser und Krone einsetzen – oder auch nicht. Je nach Lust und Laune. Und Launen waren bei Sissi ausgeprägt.

Launen? Gewiß war sie kein einfacher Mensch. So wie es die Umgebung ihr nie leichtgemacht hat, hat sie es auch vielen Personen ihrer Umgebung nie leichtgemacht. Aber Launen kann man meistern, Menschenscheu ist dagegen ein Naturell. Schwierig zu überwinden. Besonders wenn man wie Sissi der Meinung war, daß eigentlich alle Menschen gleich geboren sind:

> *Ich wollt', die Leute liessen mich*
> *In Ruh' und ungeschoren,*
> *Ich bin ja doch nur sicherlich*
> *Ein Mensch, wie sie geboren.*
>
> *Es tritt die Galle mir fast aus,*
> *Wenn sie mich so fixieren;*
> *Ich kröch' gern in ein Schneckenhaus*
> *Und könnt' vor Wut krepieren.*

Sie pflegte ihre Schönheit für sich ganz allein. Und zog aus dieser Schönheit jahrzehntelang das Selbstbewußtsein, das sie brauchte, um sich nicht auf die starren Rollen festlegen zu lassen, die man ihr aufzwingen wollte. Schönheit war ein Mittel, sich zu wehren, aufzubegehren, zu rebellieren.

Das konnte auch bedeuten, aus den Schwächen anderer Gewinn zu ziehen. Ihr war zum Beispiel bewußt, daß sie mit ihrer Erscheinung den Kaiser tief beeindrucken konnte. Besonders nach der Ehekrise betete Franz Joseph seine schöne Frau an und erfüllte ihr jeden Wunsch. Das nutzte sie jetzt immer häufiger aus.

In einer gewissen Weise war sie in ihr Spiegelbild verliebt wie Narziß aus der griechischen Sage. «Der Anblick der Vollkommenheit ihres Körpers», schrieb Marie Larisch-Wallersee, «bereitete ihr einen ästhetischen Genuß; alles, was diese Vollkommenheit trübte, war ihr unkünstlerisch und zuwider.» Vielleicht hätte es ihr gefallen, wie Narziß zum Lebensende in eine Blume, eine Narzisse, verwandelt zu werden. Aber diese Selbstverliebtheit hatte einen hohen Preis. Sie war zum Schönsein, aus dem sie Bewunderung, Kraft und Macht sog, verdammt.

Elisabeth mußte bei jedem Auftritt die Schönste sein. Und je älter sie wurde, desto länger dauerten die Vorbereitungen, desto mehr Zeit mußte sie auf ihre Körperpflege verwenden. Mit zunehmendem Alter wuchsen auch ihre Zahnprobleme. Um möglichst wenig von ihrer schwächsten Stelle zu zeigen, wurde sie noch scheuer, blieb in Gesellschaft noch wortkarger. Und hielt, auch wenn sie sprach, den Fächer vor den Mund.

*Die Kaiserin in Hofgala mit Diamantensternen.
Franz Xaver Winterhalter, Hofmaler und gefragter Künstler,
schuf dieses Bildnis.*

Der Kampf zur Erhaltung der Schönheit nahm mit den Jahren krankhafte Formen an. Durch Hungerkuren wollte Sissi ihre wespenschlanke Taille von 50 cm (!) erhalten. So wog sie bei einer Körpergröße von 172 cm meistens nur zwischen 45 und 50 Kilo. Die Folge waren Magersucht und Hautausschlag.

Dagegen (und gegen vieles andere) sollte wiederum eine Diät aus frischer Kuhmilch helfen. Deshalb wurden eigens für die Kaiserin zwei Kühe angeschafft, die sie sogar mit auf ihre Schiffsreisen nahm. Die verschreckten Tiere versagten allerdings den Dienst und gaben keine Milch mehr.

Sissi pflegte die Haut mit Erdbeerpackungen oder ließ sich frisch geschnittenes Kalbfleisch auflegen. Sie nahm warme Olivenbäder, von denen Gräfin Wallersee berichtete: «Einmal war das Öl fast kochend, und sie entging mit genauer Not dem furchtbaren Tode so mancher christlicher Märtyrer. Sie schlief oft mit feuchten Tüchern oberhalb der Hüften, um ihre Schlankheit zu bewahren, und trank aus demselben Grunde eine gräßliche Mixtur von fünf oder sechs Weißeiern mit Salz.»

Ein anderes ihrer Schönheitsmittel war der Sport. Auf ihren täglichen Dauerlauf verzichtete Sissi selbst bei einem Staatsbesuch im glühendheißen Kairo nicht. Dabei trug sie mehrere Jacken übereinander, um möglichst viel zu schwitzen. Einige Zofen, die sie ja immer begleiten mußten und mit ihr kaum Schritt halten konnten, brachen dabei zusammen.

Höhepunkt ihrer Erscheinung waren zweifellos die Haare. «Haare sah ich wie Wellen, den Boden erreichend und sich auf ihn niederlegend und weiterhin fließen: vom Haupt, dessen zarte anmutige Form und reine vollendete Linie sie ungetrübt offenbarten..., flossen sie herab über den weißen Mantel von Spitzen, der ihre Schultern bedeckte, ohne je zu verfließen.» Das ist, man hört es schon am schwärmerischen Ton, unser Student Christomanos. Aber ähnliche Hymnen kann man auch von anderen Autoren lesen. Sissis fußknöchellanges Haar blieb bis ins Alter kraftvoll. Als Christomanos mit ihr Homers Odyssee studierte, die von den Taten der griechischen Sagenhelden, von Odysseus und Achill berichtet, hatte sie noch kein graues Haar, obgleich sie schon vierundfünfzig Jahre alt war.

«Majestät tragen das Haar wie eine Krone anstatt der Krone», schmeichelte ihr Christomanos. Daraufhin die Kaiserin mit einem bekümmerten Lächeln: «Nur daß man sich jener anderen leichter entledigen kann.» Abends knoteten ihr drei Kammerfrauen diese Zopfkrone auf. Das offene Haar wurde ihr wie eine Schleppe beim Gang zum Bett nachgetragen und am Kopfende vorsichtig ausgebreitet. Die Kaiserin schlief mit einer Kopfrolle im Nacken, als wäre sie eine Statue.

Ihre Haarpracht schien Sissi etwas Unvergängliches. Sie wünschte sich gar, wenn sie einmal sterben sollte, gleichsam in ihren Haaren aufzugehen.

An meinen Haaren möcht' ich sterben,
des Lebens ganze, volle Kraft,
des Blutes reinsten, besten Saft
Den Flechten möcht' ich dies vererben.

O ginge doch mein Dasein über,
In lockig seidnes Wellengold,
Das immer reicher, tiefer rollt,
Bis ich entkräftet schlaf' hinüber!

Ein- bis zweimal im Monat, meistens an einem Freitag, waren Haarwaschtage. Eine aufwendige Zeremonie, die bis in den späten Nachmittag andauern konnte. Und bei der niemand stören durfte. Auch der Kaiser nicht. Ihre Friseurin Franziska Angerer-Feifalik bereitete eine Art Shampoo aus etwa dreißig Eidottern und Cognac (wahlweise Franzbranntwein) vor, das auf die Haare aufgetragen und gut eine Stunde einziehen mußte. Danach wurden die Haare mit warmem Wasser gewaschen und anschließend mit einem Sud aus Walnußschalen vom Shampoo gereinigt. Schließlich spülten sie die Kammerfrauen mit Rosenwasser, bevor Stubenmädchen mit vorgewärmten Musselin-Tüchern die Haare frottierten oder Luft zufächerten. Diese Waschtage waren für Elisabeth so wichtig, daß der Kaiser seine Termine danach festlegen mußte, wenn er auf die Anwesenheit seiner Frau zählen wollte. Der letzte Waschtag fand im Hotel Caux bei Montreaux statt – drei Tage vor ihrem Tod in Genf. Natürlich mußte die Friseurin, die ganz allein für Sissi arbeitete, sie auch auf jeder Reise begleiten. Franziska verdiente im Jahr 2000 Gulden, fast genausoviel wie ein Universitätsprofessor. Das gab dem Hof wieder Stoff für Klatsch und Tratsch.

Während der täglichen Friseurstunden nutzte die Kaiserin die Zeit zum Briefeschreiben. Sie lernte Griechisch oder Ungarisch. Oder sie ließ sich etwas vorlesen. Bei Christomanos finden wir eine eindrucksvolle Schilderung dieses Rituals. Die Friseurin wühlte mit weißen Handschuhen an den Händen «in den Wellen der Haare, hob sie dann in die Höhe und tastete darüber wie über Samt und Seide, wickelte sie um Arme wie Bäche ... teilte die einzelne Welle mit einem Kamm aus goldgelbem Bernstein in mehrere und trennte dann jede von diesen in unzählige Fäden ...»

Schließlich flocht sie «diese Wellen zu kunstvollen Geflechten, die in zwei schwere Zauberschlangen sich wandelten, hob die Schlangen empor, ringelte sie um das Haupt und band daraus, mit Seidenfäden dieselben durchwirkend, eine herrliche Krone.» Strähnen und Fransen wurden anschließend gezogen und wohlgeordnet. «Dann brachte sie auf einer silbernen Schüssel die toten Haare der Herrin zum Anblick, und die Blicke der Herrin und jener der Dienerin kreuzten sich eine Sekunde – leisen Vorwurf bei der Herrin enthaltend, Schuld und Reue der Dienerin kündend.»

Franziska, die Sissis Zorn fürchtete, wenn zu viele Haare beim Frisieren im Kamm steckengeblieben waren, hatte sich einen kleinen Kniff ausgedacht. Unter ihrer Schürze befand sich ein breites Klebeband, an dem die Friseurin ab und zu den Kamm abstrich.

Am Ende entließ Sissi, nach der Beschreibung von Christomanos, ihre Franziska mit einem Kopfneigen, «die Dienerin versank in den Boden leise flüsternd: ‹Zu Füßen Eurer Majestät ich mich lege› – und so ward diese heilige Handlung vollendet».

Diese «heilige Handlung» dauerte täglich bis zu drei Stunden. Wenn man dann das An- und Umkleiden für große repräsentative Auftritte dazurechnet, wurden schnell fünf bis sechs Stunden daraus. Auch dieser Aufwand erklärt, warum ihr solche Auftritte zeitlebens verhaßt blieben.

Damals gab es weder Modeschöpfer, die den Ton angaben, noch Modeschauen, nach denen man sich in der eigenen Kleidung richten konnte. Die Art sich zu kleiden, die Farbe der Saison wurden in Europa von der jeweiligen führenden Dame der Gesellschaft angegeben. Manchmal war das die Königin oder Kaiserin, wie in Frankreich Eugénie, die Frau Napoleons III. Sissi wollte sich nie in dieser Rolle sehen. Sie überließ diese in Wien ihrer schärfsten Kritikerin Gräfin Pauline Metternich, einem wahren Lastermaul (Spitzname «Mauline Petternich»). Sie machte sich über die Unbeholfenheit Sissis bei Protokollfragen unentwegt lustig. Sissi ihrerseits, die stets elegant, aber zurückhaltend gekleidet war, hielt nichts vom Flitter und Glanz der Metternich. Die Kaiserin schminkte sich dezent, die Gräfin erschien aufgedonnert. Sissi spottete in Versen über Rouge und Lippenstift der «Mauline».

Ein solches Rot schmückt keine Blume,
Und auch kein Obst nannt's jemals sein;
Nicht heute und nicht im Altertume
Gab's einen zweiten solchen Schein.

Zwei Zoll breit sind die Wunderlippen
Mit diesem Purpur angetan...
Und glaubt ihr, dass ich übertrieben,
So geht, und schaut sie selber an.

Elisabeth zeigte, von Staatsauftritten abgesehen, wenig Schmuck. Der Ehering hing an einer goldenen Kette, die sie um den Hals trug (meist versteckt unter dem Kleid). In ihre Taschenuhr aus Chinasilber war der Name des griechischen Helden «Achilleus» eingraviert. Die Uhr hing zusammen mit einem kleinen Steigbügel an einem Lederbändchen. Andere Glücksbringer der abergläubischen Kaiserin baumelten an einem Armreifen aus Silber.

Die ganz auf Natürlichkeit ausgerichtete Art, sich zu kleiden, bestätigt Sissis Nichte: «Tantes Wäsche war wundervoll und außerordentlich fein. Ihre Nachthemden waren ganz einfach, aber immer mit mauven Seidenbändern durchzogen und gebunden. Unterröcke trug sie nie, und bei ihren frühen Spaziergängen im Sommer zog sie die Schuhe über die nackten Füße und trug das Kleid unmittelbar auf dem Körper.»

Nach dem Tod von Rudolf kleidete sie sich nur noch in Schwarz. Sissi war damals einundfünfzig Jahre alt. Seitdem hat sie sich nicht mehr malen und offiziell fotografieren lassen. Wie es um ihre Schönheit stand, mag man aus den hymnischen Worten von Christomanos herauslesen, der drei Jahre später in ihre Dienste trat. «Ihre Hände sind mager, gebrechlich, in die Lilien ihrer Finger verhauchend. Sie sind wie frierende Blumen.»

Gedichte und Träume

Helle Aufregung am Tor der Krankenpflegeanstalt. Wo ist der Herr Direktor! Zwei Pflegerinnen halten ihre Schürzen hoch und laufen über den Kiesweg zum Dienstgebäude hinüber, kommen atemlos im Sekretariat an.

«Es wird schon nicht gleich brennen», brummt der Sekretär. «Viel schlimmer, Herr Sekretär», antwortet mühsam nach Luft ringend die Ältere der beiden. «Eine hohe Persönlichkeit», stößt die andere hervor, «eine höchste Persönlichkeit...» Ihre Stimme versagt.

Der Sekretär, der eben noch sorgfältig Papiere zusammenschob, steht mit einem Ruck auf. Er ist plötzlich kalkweiß. Eine höchste Persönlichkeit? Die Pflegerinnen nicken. Der Sekretär muß sich auf die Tischkante aufstützen. «Majestät...?» Er bekommt kaum dieses Wort heraus. Die Pflegerinnen nicken. Der Sekretär stößt seinen Stuhl zur Seite und reißt die Tür zum Direktionszimmer auf. «Herr Direktor!»

Eine Kaiserin hatte auch soziale Pflichten. Spenden hier und da. Das Ausrufen einer Sammlung in höchsten Kreisen für wohltätige Zwecke. Besuche von Krankenhäusern. Aber auch hier ließ Sissi sich nicht in Schablonen pressen. Vieles, was sonst einer Kaiserin oblag, mußten deshalb Damen der Gesellschaft erfüllen. Wie zum Beispiel Gräfin Metternich, die nur zu gern demonstrieren wollte, daß Sissi eigentlich in ihrer Rolle als Landesmutter versagte.

Sissis Stil war vollkommen anders. Statt wie erwartet, vorher ihren Besuch anzukündigen, stand sie plötzlich mit kleinem Gefolge an der Anstaltspforte, ließ sich die Zimmer zeigen, unterhielt sich mit Kranken, hörte sich Sorgen und Klagen an und versuchte in Einzelfällen Verbesserungen zu erreichen. Diese Art der Visite machte sie bei offiziellen medizinischen Kreisen verhaßt, bei den Kranken allerdings um so beliebter. Besonders interessierte sich die Kaiserin für Irrenhäuser wie zum Beispiel die Anstalt Bründlfeld in Wien. Durch die tragischen Fälle in ihrer Familie hatte sie ja eine besondere Beziehung zu dieser Krankheit. Und eine eigene Meinung.

Selten ist die wahre Weisheit,
Selt'ner noch Verrücktheit wahre,
Ja, vielleicht ist sie nichts And'res
als die Weisheit langer Jahre.

Weisheit, die sich so geärgert
Ob der Schändlichkeit auf Erden,
dass sie weise sich entschlossen,
Lieber selbst verrückt zu werden.

Geisteskranke waren ihrer Meinung nach im Inneren ihrer Seele empfindsame kluge Menschen, die nur die bittere Wirklichkeit nicht mehr ertragen konnten. Menschen, die sich aus der Not ihrer Existenz eine eigene Traumwelt schaffen.

«Haben Sie nicht bemerkt, daß bei Shakespeare die

Wahnsinnigen die einzigen Verständigen sind?» fragt sie im Gespräch ihren Lehrer Christomanos. «So weiß man auch im Leben nicht, wo die Vernunft und wo der Wahnsinn sich findet, sowie man auch nicht weiß, ob die Realität der Traum oder der Traum die Wirklichkeit ist. Ich neige dazu, jene Leute für vernünftig zu halten, die man wahnsinnig nennt. Die eigentliche Vernunft hält man für ‹gefährliche Verrücktheit›.»

So war Sissi fasziniert von ihrem Vetter Ludwig, dem bayrischen König. Eine schöne Erscheinung mit äußerstem Feingefühl und einer zerbrechlichen Seele. Beide liebten die Kunst. Für beide war die Schönheit aller Dinge das höchste Ideal. Und beide zeigten eine Abneigung gegen körperliche Liebe. Sie schrieben sich lange Briefe, trafen sich mal in Bayern, mal in Wien, und tauschten Verse aus. Auf einer Reise durch Holland dichtete Sissi für ihren seelenkranken Vetter:

> *Du Adler, dort hoch auf den Bergen,*
> *Dir schickt die Möve der See*
> *Einen Gruß von schäumenden Wogen*
> *Hinauf zum ewigen Schnee*

Ludwig, der sich bizarr-phantastische Schlösser in Bayern bauen ließ, war kurz mit Sissis schöner Schwester Sophie verlobt. Aber er war kein Mann für feste Bindungen mit Frauen. Seine Geisteskrankheit nahm zu, er war bald nicht mehr in der Lage, die Grenzen zwischen Traum und Wirklichkeit zu erkennen. Im Juni 1886 enthob man ihn der Regierung. Ludwigs toter Körper wurde kurz darauf im Starnberger See gefunden. Ob es Selbstmord war oder Mord, bleibt bis heute umstritten.

Als Sissi davon erfuhr, brach sie zusammen. Mit heftigen Gefühlsaufwallungen erschreckte sie ihre Umgebung. Viele glaubten, die Kaiserin habe nun ihrerseits seelisch Schaden gelitten. Sie steigerte sich in Phantastereien hinein. Der Gedanke an den eigenen Tod beschäftigte sie unaufhörlich. Auch die Möglichkeit, sich selbst das Leben zu nehmen. «Dann kommst du in die Hölle», sagte Franz Joseph in seinem schlichten Sinn. «Die Hölle hat man schon auf Erden», antwortete die Kaiserin.

Sissi war fast fünfzig, sie bangte um ihre Schönheit, die ihr so viel Selbstvertrauen gegeben hatte. Krankheiten plagten ihren Körper, sie mußte das Reiten aufgeben. Ihre Seele suchte Trost in der Einsamkeit. «Der Todesgedanke reinigt wie ein Gärtner, der das Unkraut jätet, wenn er in seinem Garten ist. Aber dieser Gärtner will immer allein sein und ärgert sich, wenn Neugierige in seinen Garten schauen. Deswegen halte ich den Schirm und den Fächer vor meinem Gesicht, damit er ungestört arbeiten kann...»

Nach solchen Anwandlungen notierte die siebzehnjährige Marie Valerie in ihrem Tagebuch: «Daß sich Mama nie umbringen wird, dessen bin ich überzeugt, daß ihr das Leben zur Last ist und dass dies zu wissen, Papa ebenso unglücklich macht wie mich, darüber könnte ich stundenlang weinen.»

Um Sissi mehr an Wien und vor allem an sich zu binden, ließ Franz Joseph ihr im Lainzer Tiergarten eine Sommervilla bauen. Vor der Villa steht heute noch eine

Statue des griechischen Gottes Hermes. Ihm zu Ehren erhielt sie den Namen Hermesvilla. Zeitgenössische Maler wie Gustav Klimt schufen Wandgemälde nach Sissis Wünschen. Viele Kunstwerke, wie eine Büste Heinrich Heines und eine Statue des Achill, schmückten die Räume. Marie Valerie allerdings fand alles «ungemütlich schön» und sehnte sich zurück in die Hofburg. Dabei gab es in den Badezimmern zum erstenmal fließendes Wasser, was Sissi Vergnügen bereitete. Der Architekt Hasenauer beobachtete sie, wie sie die Wasserhähne zum Spaß auf- und zudrehte. Gleichzeitig machte sie sich jedoch Sorgen, weil «so viele Badefrauen, welche die Wannen aufstellen und füllen mußten, um ihre Beschäftigung kommen».

Am liebsten waren ihr Park und Garten, in denen die Kaiserin ganz allein bleiben konnte. Mit ihren Bäumen, mit ihren Tieren, mit ihren Gedankenflügen. Ihre eigentliche Heimat in diesen Jahren wurde die Poesie, «das Reich der Träume».

> *In meiner grossen Einsamkeit*
> *mach' ich die kleinen Lieder;*
> *Das Herz, voll Gram und Traurigkeit,*
> *Drückt mir den Geist darnieder.*

Nur einem kleinen Kreis von Vertrauten war bekannt, daß Sissi selbst Gedichte schrieb. In träumerischen Versen, die mal dem englischen Theaterdichter William Shakespeare, mal ihrem Lieblingsautor Heinrich Heine verpflichtet waren, schuf sich die Kaiserin ein eigenes Reich. Darin trat sie selbst als Feenkönigin Titania auf.

Doch dieses Reich war nicht bloß reine Märchenwelt. Marie Valerie, die als erste immer die Verse lesen mußte, machte sich darüber lustig, daß ihre Mutter auch jede Begebenheit des Alltags in Gedichtform kommentierte.

Zum Kummer vieler liberal denkender Personen setzte sich Sissi seit der Ungarnfrage nicht mehr für politische Fragen ein. Sie hatte allerdings ihre Unabhängigkeit im Denken nicht aufgegeben. «*Ich war heut' Nacht ein Kaiser, / Doch freilich nur im Traum...*» Und was macht der Kaiser, der die Sorgen seiner Untertanen ernst nimmt und dem die Probleme über den Kopf wachsen? Er holt sich alle Ratgeber der ganzen Welt, die müßten ihm «referieren, / Was Völker glücklich macht.» Ergebnis:

> *Und sollten sie entscheiden*
> *Die Republik muss sein,*
> *So willige mit Freuden*
> *In ihren Wunsch ich ein.*
>
> *Sprech: «Meine lieben Kinder,*
> *Ich zieh mich jetzt zurück,*
> *Seid ihr nicht wahre Rinder,*
> *Benützet ihr dies Glück.»*

Allerdings war Sissi durchaus bewußt, wie «verrückt» die Vorstellung ist, die Kaiserin sei überzeugte Demokratin und Republikanerin. Um nicht im Wiener Irrenhaus Bründlfeld zu landen, äußerte sie sich öffentlich nicht weiter zu diesem Thema.

Den Traum, als ich erwachte,
Hab keinem ich erzählt;
Sonst sperren sie mich sachte
Noch gar ins Bründlfeld.

In einem anderen Gedicht vergleicht sie die Monarchie mit einem morschen Baum und den Kaiser mit einem Pechvogel, der in der Baumkrone sein Nest gebaut hat.

Der Baum muß endlich fallen,
Er hat sich überlebt;
Doch für den armen Vogel
Da hat mein Herz gebebt.

Natürlich darf man sich die Kaiserin nicht als heimliche Revolutionärin vorstellen. Dafür hatte sie vor der Masse des Volkes zu sehr Angst. In der Familie fand sie ebenfalls keine Heimat. Das hochmütige Getue der habsburgischen Sippe füllte sie nur mit Verachtung. Zu Marie Larisch-Wallersee sagte sie: «Mich erfüllt ein Gruseln beim Anblick des Volkes. Jedem einzelnen möchte ich helfen, ja, oft möchte ich tauschen mit der ärmsten Frau. Aber das ‹Volk› als Masse fürchte ich. Warum? Ich weiß es nicht. Und unsere ‹Sippe›! Die verachte ich mit all dem Firlefanz um uns herum.»

Bei ihrer Kritik am Hof schloß Sissi allerdings Franz Joseph aus. Mochte sie ihn längst zwar nicht mehr lieben, so hat sie ihn bis zum Ende ihres Lebens doch hoch geachtet. «Wenn ich an ihn denke, bin ich bekümmert, daß es nicht in meiner Macht steht, ihm zu helfen. Ich verabscheue jedoch die moderne Politik und denke, daß sie voller Betrug ist. Sie ist nur ein Wettkampf, in dem der Listige das beste Teil erhält zum Nachteil dessen, der zögert, gegen sein Gewissen zu handeln.»

Sissi wandte sich also lieber ihrer poetischen Welt zu, in der Heinrich Heine eine immer größere Rolle spielte. Sie reiste nicht nur ins ferne, naßkalte Hamburg, um eine Schwester von Heine zu besuchen. Sie steigerte sich sogar in Wahnvorstellungen, um mit dem längst verstorbenen «Meister» während spiritistischer Sitzungen in Kontakt zu treten. Dieser Spiritismus war damals geradezu Mode. Deren Anhänger glaubten, mit gewissen Übungen ihren Geist so zu stärken, daß damit Tische bewegt oder sogar verstorbene Seelen zum Reden gebracht werden konnten.

Herzog Carl Theodor («Gackel»), der Medizin studiert hatte, ließ Sissi warnen, «sich zu intensiv in die überspannten Ideen zu bohren, in denen sie lebt». Durch diesen eingebildeten Seelentransfer mit Heine könnte «sie ihre Nerven so überreizen, daß sie am Ende noch ‹umschnappe›».

Die Wiener Öffentlichkeit hielt sie für endgültig verrückt, als man von Sissis Engagement für ein Heinrich-Heine-Denkmal erfuhr. Es sollte in Heines Geburtsstadt Düsseldorf errichtet werden. Sie übernahm für dieses Denkmal das Künstlerhonorar und dichtete zum öffentlichen Spendenaufruf einige Verse («Es will die Nachwelt ihm den Dank nun geben, / Ihm, dessen goldne Lieder ewig klingen, ewig leben.»). Die Kaiserin wurde dafür nicht nur in der Familie kritisiert. Nur Rudolf war mit ihr, wie meistens in politischen Fragen, einer Meinung. Es gab in Österreich, vor allem in Deutschland, böse Töne zu hören.

Heinrich Heine stammte aus einer jüdischen Familie. Im öffentlichen Klima jener Jahre hatte sich ein heftiger Antisemitismus (Haß auf Juden) Raum geschaffen. Es war die Zeit der Nationalisten, die Selbstbewußtsein nur in der Ablehnung alles «Fremden» suchten. Zum Beispiel in Ablehnung und Verfolgung von Anhängern des jüdischen Glaubens. Angeblich vaterlandslose Personen. Es war die Zeit der großen Arbeitslosigkeit und des Hungers. Besonders die Armen liefen damals kritiklos Feindbildern hinterher. Und suchten die Schuld für Not bei «reichen Juden». Es entwickelte sich ein primitiver Haß auf Juden, die als «das Böse» schlechthin galten. Ein Haß, der von manchen christlichen Priestern verstärkt wurde: «Waren es denn nicht Juden, die Christus ans Kreuz gebracht hatten?»

Und jetzt setzt sich eine österreichische Kaiserin für diesen Juden ein? Für einen Kritiker der Monarchie und der deutschen Fürstentümer? Die antisemitische Presse schäumte «über die Untergrabung unverfälscht germanischen Wesens, deutscher Eigenart und deutscher Sitte». Sie höhnte: «Mögen Juden, Judenknechte sich für diesen schamlosen Juden begeistern, wir Deutsche wenden uns mit Abscheu von ihm ab...» (Dieser Haß und Beschimpfungen solcher Art haben Jahrzehnte später ein Klima geschaffen, das den Aufstieg Adolf Hitlers in Deutschland ermöglichte.)

Die Kaiserin fühlte sich durch die Polemik verletzt und zog sich angewidert zurück. Das Denkmal konnte schließlich nicht in Düsseldorf errichtet werden. Deutsche, die nach Amerika ausgewandert waren, stellten es in einem Park in New York an der Kreuzung der 161. Straße und der Mott Avenue auf, wo es heute noch steht.

Sissi plante statt dessen ihr eigenes Heine-Denkmal. Im Park ihrer Villa in Korfu, dem «Achilleion», ließ sie einen kleinen Tempel bauen. Dort fand die Statue des dänischen Bildhauers Hasselriis, die sie in Auftrag gegeben hatte, ihren Platz. Ein Denkmal ganz für sie alleine.

Später erbte die Kaisertochter Gisela das Achilleion. Sie verkaufte es, und es kam schließlich in die Hände Wilhelm II. Der deutsche Kaiser ließ als erstes die Heine-Statue wieder abbauen – die antisemitische Presse jubelte. Nach einer Irrfahrt kam die Statue am Ende nach Frankreich. Im Jardin de Mourillon von Toulon kann man sie sehen. Im Heine zugedachten Tempel des Achilleion stellten die Griechen später eine Skulptur der Kaiserin Elisabeth auf. Sissi fühlte sich von ihrer Zeit unverstanden. Immer weiter zog sie sich zurück ins Schneckenhaus der Einsamkeit.

Ich fliehe vor der Welt sammt ihren Freuden,
Und ihre Menschen stehen mir heut' fern;
Es sind ihr Glück mir fremd und ihre Leiden;
Ich wandle einsam, wie auf einem andern Stern.

Sissis Gedichte und Lieder, das Reich der Feenkönigin «Titania», waren für zukünftige Generationen bestimmt. Titania schrieb nur noch für die «Zukunftsseelen». Heimlich ließ Sissi ihre Werke drucken. Die versiegelte Kassette mit rund 600 Druckseiten erhielt nach dem letzten Willen der Kaiserin ihr Bruder Herzog Carl Theodor. Der wiederum sollte dafür Sorge tragen, daß man diese Kassette nach einer Frist von sechzig Jahren dem Schweizer Bundespräsidenten übergeben würde. Das geschah tatsächlich im Jahr 1951.

In einem Brief an ihren künftigen Herausgeber schrieb Sissi über ihre Texte: «...vom Jahre 1890 an in 60 Jahren sollen sie veröffentlicht werden zum besten politisch Verurteilter u. deren hilfebedürftigen Angehörigen. Denn in 60 Jahren so wenig wie heute werden Glück u. Friede, das heisst Freiheit auf unserem kleinen Sterne heimisch sein. Vielleicht auf einem Anderen? Heute vermag ich Dir diess nicht zu sagen, vielleicht wenn Du diese Zeilen liest – – Mit herzlichem Gruss, denn ich fühle Du bist mir gut, Titania.»

Rastloses Reisen

Die Reiseziele sind nur deswegen begehrenswert, weil die Reise dazwischen liegt. Wenn ich irgendwo angekommen wäre und wüßte, daß ich nie mehr mich davon entfernen könne, würde mir der Aufenthalt selbst in einem Paradies zur Hölle.» Typisch Sissi. Es gibt Menschen, denen bereits der kleinste Ortswechsel zur Last wird. Die Kaiserin liebte genau das Gegenteil. Sie konnte nicht oft genug unterwegs sein. Das galt ja schon in ihrer Kindheit und Jugend. Möglichst draußen sein, den Wind spüren und die Sonne, die auf der Haut brennt. Oder in der Kutsche durch die Landschaft rollen. Reisen bedeutete Abfahrt und Ankunft. Bedeutete ein bißchen Trauer über den Abschied und stille Vorfreude auf das Neue, das Unbekannte. Auch wenn die Fahrten von Possenhofen und München kaum über die Umgebung hinaus führten und ein Besuch in Innsbruck schon zu den großen Erlebnissen einer Zehnjährigen zählte. Bald sollte sie eine Kutsche nach Bad Ischl besteigen und in ein fernes Leben reisen…

Auf Reisen verbrachte Sissi die glücklichsten Stunden mit Franz Joseph. Unterwegs konnte sie den verhaßten Protokollpflichten entfliehen, dem Wiener Tratsch und der Etikette, die sie in der «Kerkerburg» bis in ihre Privatgemächer verfolgt hatte. Während der schweren Ehekrise der sechziger Jahre gelang es Sissi, fernab vom Hof das Selbstbewußtsein zu entwickeln, durch das sie sich ihre Unabhängigkeit erkämpfen konnte. Es war sicherlich kein Zufall, daß sie den Brief mit ihrer «Unabhängigkeitserklärung» nicht in Wien, sondern von «unterwegs» in Bad Ischl formulierte.

Es gab Orte, die sie immer wieder aufsuchte: Schloß Gödöllö in Ungarn, wo ihr schweigender, bester Freund, der Baum, stand. Bad Ischl mit der Kaiservilla und dem Jainzen, einem bewaldeten Hügel, der zu ihrem «Zauberberg» wurde. Schließlich die Insel Korfu, auf der sie sich ein Sommerschloß errichten ließ, das sie ihrem geliebten griechischen Helden Achill widmete. Oft war sie in Bad Kissingen zur Kur, und an der italienischen Riviera bei Rapallo. Dort genoß sie gern die ersten Frühjahrstage, wollte sich eine Villa bauen lassen, verwarf dann aber wieder den Plan.

Anfangs begleitete Sissi ihren Ehemann auf Staatsbesuchen: Italien, Ungarn, Frankreich, Ägypten. Später reiste sie lieber allein. Aber was heißt schon «allein». Zu ihrem Gefolge gehörten manchmal fünfzig bis sechzig Personen. Die Kaiserin belegte gleich das ganze Hotel. Meistens mietete sie Gutshäuser, kleine Schlösser oder war bei Vettern und Kusinen zu Gast. Die gab es durch die engen verwandtschaftlichen Beziehungen des Hochadels in ganz Europa.

Ihre wildesten Monate verlebte sie sicherlich während der siebziger Jahre in England. Im Jahr 1875 war der alte Kaiser Ferdinand gestorben, und Franz Joseph, Haupterbe, stellte mit seiner ihm eigenen Schlichtheit fest: «Auf einmal bin ich ein reicher Mann!» Franz Joseph

*Schloß Gödöllö in Ungarn war einer der geliebten Fluchtorte
Elisabeths, wo sie fern von allem Hofzeremoniell
reiten und wandern konnte. Im Hof des Schlosses
ließ sie sich eine Manege bauen und trainierte dort
mit berühmten Zirkusreitern.*

erhöhte nicht nur Sissis Jahreseinkommen, er finanzierte auch ihre teuren «Verdrehtheiten». Von der Reiselust bis zur Reitleidenschaft.

In England kaufte Sissi sich teure Pferde und nahm an den gefährlichsten Reitjagden teil. Mit ihrem schottischen Reitlehrer und Jagdführer, Bay Middleton, entspann sich eine jener Beziehungen, die dem Wiener Hof ausgiebig Stoff zum Tratsch boten. Wenn man heute den Klatsch der britischen Presse um Lady Diana verfolgt, bekommt man eine Ahnung, welche Gemeinheiten vom Hofgeflüster verbreitet wurden.

Unter Middletons Anleitung wurde Sissi während der Saison 1878 – mit vierzig Jahren – zur besten Reiterin. Sie gewann den Titel «Königin der Meute» bei Jagdrennen durch offenes Gelände. Alle Krankheiten und Gebrechen, die meistens vorgeschobener Anlaß für ihre Reisen waren, schienen vergessen. Trotz des Damensitzes und der langen Röcke gelang es ihr, sogar viele Männer hinter sich zu lassen.

Mehr als einmal riskierte «I. M.» (Ihre Majestät) Kopf und Kragen. Sissis Hofdame, Gräfin Festetics, schrieb in ihr Tagebuch: «Ich zittere den ganzen Tag und bin erst abends beruhigt, wenn ich weiß, daß sich I. M. schon ins Bett legt. Unberufen geht es ihr gut, in sehr guter Laune hält sie die ganze Gesellschaft zum Narren.»

Sissi wurde von den Männern angebetet wie nie zuvor. Sport und das ungezwungene Leben taten ihr gut. Sie war nach fünfundzwanzig Jahren Ehe, als Mutter von vier Kindern, als Großmutter gar, so schön wie nie zuvor.

Und so eigenwillig wie nie. Die reitsüchtige Kaiserin hielt nicht nur die Gesellschaft, sondern auch ihre Anbeter zum Narren. Sie stieß sogar die englische Königin Victoria vor den Kopf. Besuche beim britischen Hof sagte sie immer wieder ab – oder sie kam unangemeldet, um dann sofort wieder abzureisen.

Das Leben zog vorbei wie im Rausch. Die Jahre vergingen, und immer öfter mußte Sissi erkennen, daß dieser Rausch nicht ewig dauern konnte. Ein Rückenleiden zwang sie schließlich, mit Reiten und Fechten aufzuhören. Nur geturnt hat sie bis ins Alter.

Und auf jede Reise folgte die Rückkehr nach Wien in die «Kerkerburg». Zu ihrem Gefolge gehörte in diesen Jahren auch Rustimo. Ein kleinwüchsiger, verkrüppelter Schwarzafrikaner. Dieser «Zwerg» soll das Geschenk des Schahs von Persien gewesen sein. Sissi gab ihn Marie Valerie zum Spielkameraden und provozierte erneut wütende Reaktionen der Hofgesellschaft. Aber diese Herausforderungen waren nur Ausdruck ihrer zunehmenden Vereinsamung. Die Kaiserin wollte eigentlich nur noch eins: weg von Wien, weg von diesem Hof, weg von den quälenden Zwängen der Rolle. Sie war immer seltener in der Hauptstadt anzutreffen.

Auf ihre Weise sorgte sie dafür, daß der Kaiser nicht zu sehr unter ihrer Abwesenheit litt. Franz Joseph hatte am Burgtheater (das aus seiner Privatschatulle finanziert wurde) die dreiundzwanzig Jahre jüngere Schauspielerin Katharina Schratt kennengelernt. Die lebte nach einer gescheiterten Ehe allein in Wien. Sissi förderte die Beziehung. Denn die erfahrene Bühnenkünstlerin fand schnell

*Die Schauspielerin Katharina Schratt wurde
mit ausdrücklicher Förderung der Kaiserin
als Freundin des Kaisers Franz Joseph bei Hofe eingeladen.
Elisabeth selbst gab den Auftrag für dieses Gemälde
von Angeli.*

den richtigen Ton, um mit dem schüchternen, in privaten Dingen recht hilflosen Franz Joseph respektvoll und doch unbefangen umzugehen.

Der Kaiser schrieb dieser Frau in einem Brief: «Wenn man so manche Arbeit, Sorge, so manchen Kummer hat, wie ich, so ist ein zwangloses, offenes und heiteres Aussprechen eine wahre Freude und deshalb sind mir die Augenblicke, die ich mit Ihnen zubringen darf, so unendlich werth.»

Von Sissi ausdrücklich gebilligt, avancierte Katharina Schratt offiziell zur «Freundin des Kaisers». In einem Gedicht machte sich Elisabeth allerdings lustig über die Anstrengungen der fülligen Schratt, die Kaiserin nachzuäffen.

Sie schnürt den Bauch sich ins Korsett,
Daß alle Fugen krachen,
Hält sich gerade wie ein Brett
Und «äfft» noch andre Sachen.

Im Häuschen der Geranien,
Wo alles so fein und glatt,
Dünkt sie sich gleich Titanien,
Die arme dicke Schratt.

Marie Valerie, die sich gerade mit Erzherzog Franz Salvator von der toskanischen Linie der Habsburger verlobt hatte, war dieser «Mutter-Ersatz» gar nicht recht: «O, warum hat Mama die Sache selbst so weit getrieben! Aber ändern kann und darf man jetzt natürlich nichts daran, ich muß, obwohl es Franz *(ihrem Verlobten)* peinlich ist, wieder mit ihr *(Katharina Schratt)* zusammen kommen und darf mir nichts merken lassen.»

Sissi wußte Franz Joseph nun in guten Händen. Um so ruhiger konnte sie sich ihren Gedichten widmen – und ihren Reisen. Ob sie dabei Freude empfunden hat? Christomanos vertraute sie einmal ihre Lebensphilosophie an: «Die Freude ist nur ein flüchtiges Ding, eine Episode, ein Lückenbüßer, während man auf die Sehnsucht wartet, die kommen soll. Diese kommt immer, denn sie ist die Erwartung des Schicksals, das zu erreichen unser Lebenszweck ist. Sie ist das Traurigste, das es in der Welt nur gibt, und deswegen auch das Herrlichste.»

Aber welche Sehnsucht meinte Sissi? War es wirklich die Sehnsucht nach dem Tode? Oder wollte sie, wie so viele Menschen zu allen Zeiten, eben nur einen Zipfel jenes Gefühls zu fassen bekommen, das man Glück nennt?

Immer wieder versuchte der Kaiser, die Wünsche seiner Frau zu erfüllen. Immer häufiger schmerzte ihn Sissis Egoismus. Mehr und mehr zog er sich in sein Arbeitszimmer zum Aktenstudium zurück. Aber jedesmal, wenn Elisabeth dann doch einmal an seiner Seite als Kaiserin auftrat, strahlte der Mann vor Glück.

Schließlich kam es zum endgültigen Bruch mit ihrer Rolle als Ehefrau und Kaiserin. Sissi verlor die Nähe von Marie Valerie, die inzwischen erwachsen geworden war. Und sie verlor Rudolf. Die Tochter verlor sie durch Heirat, den Sohn durch eine Tragödie.

Sissis Lieblingstochter, Marie Valerie, war das Gegenteil ihrer Mutter: Sie lebte familienbewußt, folgte überzeugt dem katholischen Glauben und lehnte jede Form von politischer Liberalität ab. Sie hatte wie ihr Vater ein ausgeglichenes Wesen, teilte mit der Mutter allerdings die tiefe Abneigung gegenüber dem Hofstaat und Wien. Elisabeth hatte sich von Geburt an mit einer Fürsorge um ihre Tochter gekümmert, die der jugendlichen Marie Valerie oft zuviel wurde. Dankbar aber war sie für Sissis Hilfe bei der Wahl eines Ehemannes. Darin waren sich Mutter und Tochter nämlich einig: es sollte eine Liebesheirat werden.

Und es wurde eine. Marie Valerie bekam mit Sissis Unterstützung ihren Franz Salvator. Obgleich die Kaiserin nichts von dem Schwiegersohn hielt:

Fort zieht es dich aus meiner Näh'
Zu jenem blassen Knaben,
Trotzdem ich ehrlich dir gesteht',
Ich möchte ihn nicht haben.

Vor Marie Valeries Hochzeit im Juli 1890 ereignete sich aber die Tragödie von Mayerling. Sie sollte dem Leben Sissis eine letzte, tragische Wende geben. Kronprinz Rudolf hatte viele Eigenschaften von seiner Mutter geerbt. Die künstlerische Ader ebenso wie ihre Unstetigkeit. Er war wie Sissi sensibel, intelligent, phantasievoll und witzig, mit einem Hang zu beißender Ironie. Rudolf himmelte seine schöne Mutter an. Er lag ihr zu Füßen, seitdem sie ihn aus den Klauen von Gondrecourt und dessen Drillmethoden befreit hatte. Der hatte aus ihm einen Kriegshelden machen wollen. «Dem Kronprinzen leuchteten die Augen. Er war ganz seelig mit seiner Mutter zu sein, die er anbetet... er hat viel von seiner Mutter, hauptsächlich Ihren Charme, neben den braunen Augen.» Das berichtete Gräfin Festetics über den fünfzehnjährigen Thronfolger.

Sissi, die ihren Sohn schon im Wochenbett der Erzherzogin Sophie hatte überlassen müssen, beachtete Rudolf indessen kaum. Obwohl er ihre Neigungen für Heinrich Heine teilte (Rudolf schrieb «Reisebilder» nach Heines Vorbild), obgleich er in vielen politischen Fragen mit ihr übereinstimmte, hatte Sissi nur Augen und Ohren für Marie Valerie. Rudolf war wie Gisela ein «verlorenes Kind». «Familienleben» gab es bei Hofe sowieso nicht. Jedes Kind hatte seine eigenen Zimmer und seine eigenen Diener. Die Mutter war häufig unterwegs. Wenn man überhaupt als Familie zusammenkam, dann bei offiziellen Anlässen unter den wachsamen Augen von Ministern, Hofdamen und wichtigen Personen der Gesellschaft.

Rudolf stritt leidenschaftlich für liberale Ideen. Er schrieb unter einem Pseudonym sogar Artikel gegen die Regierung seines Vaters. Unter den Höflingen, die noch von Glanz und Gloria der Monarchie geblendet waren, fühlte er sich zunehmend vereinsamt. Der Kaiser hatte ihm seinen größten Wunsch verweigert: an der Universität Naturwissenschaften zu studieren. Franz Joseph konnte sich, trotz einer liberaleren Erziehung Rudolfs, für seinen Sohn noch immer keine andere Karriere vorstellen als die eines Soldaten. So blieben Rudolfs wissenschaftliche Anstrengungen begrenzt. Immerhin schrieb er ein vielbeachtetes Buch über Vogelkunde und war gut mit dem Tierkundler Alfred Brehm bekannt.

Von Anfang an hatte die Kaiserin nichts von Rudolfs Heirat mit der belgischen Prinzessin Stephanie gehalten. Stephanie war in ihren Augen ein «adeliges Trampel». Äußerlichkeiten und Formalitäten gingen der Prinzessin über alles. Sie genoß es kindisch, wenn eine jubelnde Masse ihre Auftritte feierte. Lächerlich, einfach lächerlich, dachte Sissi. Und vermutlich war Rudolf ihrer Meinung. Die Ehe zwischen Rudolf und Stephanie war unglücklich. Aber Sissi tat nichts, um dem Sohn wenigstens seelischen Beistand zu geben.

Auch beim letzten gemeinsamen Weihnachtsfest beachtete Elisabeth seine Geschenke kaum: Originalmanuskripte von Heinrich Heine, die Rudolf für sehr viel Geld in Paris ersteigert hatte. Franz Joseph ließ sich derweil von der kleinen «Erzsi», wie Rudolfs sechsjährige Tochter Elisabeth im Familienkreis genannt wurde, den Bart kraulen. Er liebte sein Enkelkind über alles. Sissi wußte dagegen mit der Großmutterrolle wenig anzufangen.

Wenn Rudolf jemals etwas an seiner Mutter kritisiert hatte, dann ihre Neigung zum Spiritismus. Er verstand auch nicht, warum sie so wenig für ihre politischen Überzeugungen eintrat. Auf Vorhaltung des Thronfolgers reagierte die Kaiserin nur gereizt. Als ihr zu Ohren kam, daß Rudolf den zukünftigen Ehemann von Marie Valerie für «zu unbedeutend» hielt, brachte sie das geradezu gegen den Sohn auf.

Ohne mütterliche Fürsorge ließ Sissi ihn mit gesundheitlichen Problemen allein. Von Natur aus eher zart, kränkelte Rudolf häufig. Aber er rebellierte auch gegen diesen schwachen Körper, genoß Vergnügungen, die sich ihm boten, feierte rauschende Feste, verliebte sich auch, längst verheiratet, immer wieder in andere Frauen. Und wer wollte einem Thronfolger, dem künftigen Kaiser, schon eine Nacht abschlagen? Rudolf suchte den Rausch, um zu vergessen. Seine Mutter schien von alldem nichts zu spüren.

Zuletzt hatte er sich mit einer Krankheit angesteckt, die durch ständig wechselnde Liebschaften übertragen wird. Dieses Leiden, Gonorrhöe, befällt besonders die Gelenke, kann aber sogar zur Geistesschwäche, zu Wahnsinn und Tod führen. Niemand wagte es, den Kaiser und die Kaiserin darüber zu informieren. Offiziell litt der Thronfolger an Rheuma. Sissis Hofdame, Gräfin Festetics, kommentierte bitter: «Aber in diesen Kreisen erfährt man von den wichtigen Dingen immer selbst zuletzt etwas. Das ist das Traurige im Leben hochgestellter Personen.»

Am 30. Januar 1889 ließ sich Graf Hoyos bei der Kaiserin melden. Warum störte man sie ausgerechnet in ihrer Griechischstunde? Die Nachricht war ein furchtbarer Schock: Der Kronprinz sei tot in seinem kleinen Schloß in Mayerling bei Wien aufgefunden worden. Zusammen mit einem Mädchen namens Mary Vetsera. Mord? Selbstmord? Sissi ließ sofort den Kaiser rufen.

«Elastisch tritt er ein», schrieb Marie Valerie, «gebrochen, gesenkten Hauptes verläßt er das Zimmer.» Stephanie von Belgien schilderte in ihren Erinnerungen, wie sie bald darauf das Kaiserpaar antraf: «Der Kaiser saß in der Mitte des Raumes, die Kaiserin, dunkel gekleidet, schneeweiß und starr im Gesicht, war bei ihm. In meinem fassungslosen, erschütterten Zustand glaubte ich, daß man mich wie eine Verbrecherin ansah.»

Das war auch so: Sissi gab ihrer Schwiegertochter tatsächlich die Schuld an der Tragödie. Stephanie hätte «ihren Rudolf» nie verstanden und ihn durch Gefühlskälte in die wildesten Abenteuer getrieben. Vermutlich haßte Sissi in Stephanie ein Stück von sich selbst.

Was hatte sich wirklich abgespielt? Wir kennen nur die erregt niedergeschriebene Schilderung von Marie Valerie. Sie berichtet, wie der Leibarzt Dr. Widerhofer das tote Liebespaar gefunden hatte: «...das Mädchen ausgestreckt im Bette, offene Haare über Schultern, eine Rose in den gefalteten Händen – Rudolf in halbsitzender Position, der Revolver seiner erstarrten Hand entfallen am Boden, im Glas nur Cognac. Er legte Leiche zurück, längst erkaltet, der Schädel geborsten, die Kugel bei einer Schläfe hinein, andere heraus. Gleiche Wunde bei Mädchen. Beide Kugeln fanden sich im Zimmer.»

Rudolf hinterließ einen Abschiedsbrief an seine Mutter, der später vernichtet worden ist. Ida Ferenczy, eine der wenigen, die diesen Brief kannten, erzählte, Rudolf habe «nur aus Furcht vor dem grausigen Unbekannten das Mädchen als Begleiterin mitgenommen auf dem grausigen Gang, sie hat ihm Mut gemacht, ohne sie hätte er es vielleicht nicht gewagt, aber nicht wegen ihr».

Es war also kein gemeinsamer Liebestod. Die genauen Motive für diese Tat blieben im dunkeln. Gab es einen politischen Hintergrund, eine gescheiterte Verschwörung? War es die Krankheit Rudolfs, die ihn zu diesem

Tod brachte? Vielleicht eine Form von angeborenem Wahnsinn?

Marie Valerie beschrieb den Schmerz ihrer Eltern: «Papas fast überirdisch fromme, klaglose Ergebung, Mamas starrer Schmerz mit dem Glauben an Prädestination, ihr Weh, daß es ihr baierisch pfälzisches Blut war, das Rudolf zu Kopf gestiegen, dies alles ist so unsagbar bitter mit anzusehen.»

Sissi glaubte, ihre «Familienkrankheit» hätte sich auf Rudolf übertragen. Sie fühlte sich Schuld an seinem Tod.

Am Hof teilte man diese Meinung, wenn auch aus einem anderen Grund: «Diesmal ist die Landesmutter die Hauptschuldige. Dächte sie weniger an sich und mehr an ihre Pflichten, so hätten wir diese vergangene Katastrophe nicht gehabt.»

Sissi versank in tiefe Grübeleien und versuchte in spiritistischen Sitzungen mit der Seele ihres Sohnes Kontakt aufzunehmen: Rudolf, wo bist du? Jetzt, wo es zu spät war, wurde der Sohn zum Mittelpunkt ihrer Gedanken.

Nach Ablauf des Trauerjahres trug die Kaiserin weiter nur noch Schwarz. Sie verschenkte alle bunten Kleidungsstücke und nahm zum Kummer von Franz Joseph bis auf ganz wenige Ausnahmen überhaupt nicht mehr am Hofleben teil. Sie brach nach dem Tod Rudolfs ihre literarischen Versuche ab und schrieb fortan kein einziges Gedicht mehr. Titanias Feenreich war untergegangen.

Die Welt sah sie jetzt nur noch durch ihren schwarzen Fächer. Rudolf war tot, bald starben ihre Schwester Helene, Graf Andrássy und ihre Mutter, die Herzogin Ludovika. Sissi reiste rastlos durch Europa. Gödöllö, Bad Ischl,

Korfu waren Fixpunkte, zwischen denen sie sich bewegte. Immer wieder Aufbruch und Ankunft, immer schnellere Abschiede und hastige Vorfreuden. Es war wie ein Sog. Korfu mit dem «Achilleion» hatte vermutlich Anfang der neunziger Jahre die größte Anziehungskraft auf sie ausgeübt.

«Es ist der ‹sterbende Achilles›, dem ich meinen Palast geweiht habe, weil er für mich die griechische Seele personifiziert und die Schönheit der Landschaft und der Menschen. Ich liebe ihn auch, weil er so schnellfüßig war. Er war stark und trotzig und hat alle Könige und Traditionen verachtet und die Menschenmassen für nichts gehalten, gut genug, um wie Halme vom Tode abgemäht zu werden. Er hat nur seinen eigenen Willen heilig gehalten und nur seinen Träumen gelebt, und seine Trauer war ihm wertvoller als das ganze Leben.»

Seine Trauer war ihm wertvoller als das ganze Leben!

Sissis Leben war eine Art rastloser Trauer. Wenn sie überhaupt in Wien war, wohnte sie abgeschieden in der Hermesvilla. Sie reiste nach Paris, an die französische Riviera nach Nizza und wieder nach Genf. Dort konnte sie in der internationalen Atmosphäre der Stadt «untertauchen». Aber sie erschien anschließend manchmal ungebeten und unangemeldet bei fremden Höfen. So wollte sie die Königin der Niederlande an einem heißen Sommertag auf dem Schloß nahe Bad Homburg besuchen. Die schwarzgekleidete Dame, die sich da ohne Begleitung bei der Wache meldete und behauptete, die Kaiserin von Österreich zu sein, wurde erst einmal festgenommen. Sissi selbst soll sich herrlich amüsiert haben. Dem Hofmarschall, der sie auslöste, muß die Angelegenheit sehr peinlich gewesen sein.

Sie reiste hauptsächlich mit der Bahn, am liebsten aber mit dem Schiff. «Wenn es stürmisch wird und wir auf hoher See sind, lasse ich mich gewöhnlich an diesen Stuhl anbinden. Ich tue dies wie Odysseus, weil mich die Wellen locken», erzählte sie Christomanos in Anspielung auf den griechischen Sagenhelden Odysseus. (Der hatte sich am Mast seines Schiffes anbinden lassen, um nicht der Macht der *Sirenen* zu erliegen. Jenen weiblichen Wesen, deren Gesang die vorbeifahrenden Seeleute verzauberte und der sie ins Verderben stürzte.) Klitschnaß bei Sturm und Regen oben auf ihrem Schiff, hier fühlte sich Sissi eins mit der Natur. Und sie konnte zugleich mit ihrer Seele in die griechische Sagenwelt eintauchen. Am liebsten wäre sie dort für immer verschwunden.

Im Meer gab es kein Älterwerden, kein alltägliches Leiden, sondern nur jene rhythmische Wellenbewegung, die einem ewigen Atmen glich, einer unaufhörlichen Jugend. «Das Meer ist mein Beichtvater, den ich täglich aufsuchen muß. Es macht mich wieder jung, weil es alle Fremde von mir nimmt und mir seine Gedanken gibt, welche die einzig unsterbliche Jugend sind. Es kann selbst nicht sterben, und deswegen verjüngt es alles um sich.»

Sissi scheute immer mehr die Menschen, suchte Trost in der Natur. «Wir sind ein Stück dieser Welt, warum wollen wir soviel wissen und grübeln. Glauben Sie, daß die Ölbäume darüber nachdenken, warum die Mohnblumen rot sind, oder warum die Wolken abends leuchten? Auch die Felsen machen sich keinen Begriff von der Meteorologie. Alle diese Dinge leben in einer Tiefe, wo es keine Geheimnisse gibt – weil sie alle miteinander und ineinander leben...»

Und dann riß Sissi sich wieder los: neuer Aufbruch, neue Ankunft. Sie wollte nur noch unterwegs sein. Unterwegs, unterwegs...

> *Eine Möve bin ich von keinem Land,*
> *Meine Heimat nenne ich keinen Strand,*
> *Mich bindet nicht Ort und nicht Stelle;*
> *Ich fliege von Welle zu Welle.*

Konnte sie nicht am Meer sein, suchte sie gern Orte auf, die an Seeufern lagen. Zum Beispiel am Genfer See, dessen Wasser sie liebte, «es ist ganz die Farbe von Meer».

Christomanos beschrieb sie rückblickend: «Je länger ich in ihrer Nähe weile, desto mehr belebt sich in mir der Gedanke, daß sie zwischen zwei Welten steht... Ich weiß es mir auch nicht auszudenken, daß sie auf gewöhnliche Art aus dem Leben scheiden könnte, nachdem sie in das reale Leben nicht hineingehört.»

Er sollte recht behalten.

Dann kam der zehnte September 1898. Ein blauer Morgenhimmel lag über dem spätsommerlichen Tag. Ein paar Enten wurden am Ufer des Genfer Sees von einem einfach gekleideten Mann aufgeschreckt, der sich zwischen Sträuchern der Böschung versteckt hatte. Von hier aus konnte er den Eingang zum Hotel *Beau Rivage* gut beobachten. Gegen Mittag endlich verließ die schwarz gekleidete Dame, auf die er gewartet hatte, in Begleitung

Wiener Tagblatt.

Demokratisches Organ.

Nr. 250.   Sonntag, den 11. September 1898.   48. Jahrgang.

Die Kaiserin ermordet!

Genf, 10. September, 3 Uhr 40 Minuten Nachmittags. Kaiserin Elisabeth verließ um 12 Uhr 40 Minuten Mittags das Hotel Beaurivage, um sich nach dem Landungsplatze der Dampfer zu begeben.

Auf dem Wege dahin stürzte sich ein Individuum auf die Kaiserin und führte einen heftigen Stoß gegen dieselbe. Die Kaiserin fiel zu Boden, erhob sich jedoch wieder und erreichte den Dampfer, wo sie bald darauf in Ohnmacht fiel.

Der Kapitän des Schiffes wollte das Schiff nicht abgehen lassen, gab indes später über Bitten des kaiserlichen Gefolges das Zeichen zur Abfahrt. Das Schiff hielt jedoch, nachdem es den Hafen verlassen hatte, wieder an und kehrte zum Landungsplatze zurück. Die Kaiserin hatte das Bewußtsein nicht wiedererlangt und wurde auf einer rasch hergestellten Tragbahre nach dem Hotel Beaurivage gebracht.

Die Kleider der Kaiserin zeigten Blutflecken.

Der Thäter wurde festgenommen.

Le soussigné Greffier de la Cour de Justice Criminelle de Genève atteste, par les présentes, que l'arme ci-annexée est celle dont s'est servi *Lucheni Luigi*, assassin de S. M. l'Impératrice d'Autriche, pour commettre son crime.

Genève 10 Novembre 1898.

einer Zofe das Hotel. Die Dame trug in der einen Hand einen Fächer, in der anderen einen Sonnenschirm. Die beiden Frauen gingen in Richtung der Bootsanlegestelle, wo sie offensichtlich das Linienschiff von Genf nach Montreux besteigen wollten.

Als sie auf der Höhe des Mannes angekommen waren, sprang dieser aus seiner Deckung und gab der schwarzgekleideten Dame einen Stoß vor die Brust in der Höhe des Herzens, daß sie jäh nach hinten sackte. Der Sturz wurde gemildert durch ihre füllige Haarpracht. Während ein paar Passanten dem Mann hinterherliefen und ihn festhalten konnten, halfen andere der Dame, sich wieder aufzurichten. Sie dankte den Umstehenden auf deutsch, englisch und französisch. Der Hotelportier hatte von weitem den Vorgang beobachtet und bat die Dame zurück ins *Beau Rivage* zu kommen, um sich zu erholen. Sie bestand aber darauf, aufs Schiff zu gehen.

So zerstreute sich die Menge. Der Angreifer wurde der Polizei übergeben, und das Schiff legte ab. Was hatte der Mensch von der Dame gewollt? «Vielleicht wollte er meine Uhr wegnehmen», mutmaßte sie. Dann brach sie plötzlich zusammen. Eine Ohnmacht gewiß. Als man ihr Mieder öffnete, damit sie besser atmen könnte, entdeckte man ein kleines Loch in ihrem Batisthemd, darum herum einen roten Rand – genau auf der Höhe des Herzens. Die Zofe bat den Kapitän, wieder anzulegen. Weil dieser sich

Links: *Am 10. September 1898 wurde Elisabeth von einem italienischen Anarchisten ermordet.*
Das «Wiener Tagblatt» veröffentlichte die Meldung und bildete die Tatwaffe ab.

Das Polizeifoto des Mörders und Attentäters Luigi Lucheni.

weigerte, lüftete sie das Geheimnis der schwarzen Dame: «Sie haben die Kaiserin von Österreich an Bord, schwer verletzt.»

Die vielen Gäste, die den Unfall gar nicht bemerkt hatten, wunderten sich, daß die Fähre nach einem harten Manöver Kurs zurück zum Anleger nahm.

Mit einer improvisierten Trage brachte man Sissi zurück ins Hotel. Dort stellte der schnell herbeigerufene Arzt nur noch den Tod fest.

Luigi Lucheni, der Attentäter, hatte ihr eine zugespitzte Feile ins Herz gestoßen. Eigentlich wollte der italienische Anarchist den Prinzen von Orléans, Anwärter auf den französischen Thron, ermorden. Der Prinz aber war nicht wie geplant nach Genf gekommen. Lucheni hatte schließlich erfahren, daß eine «Gräfin von Hohenembs» im Hotel *Beau Rivage* abgestiegen war. Unter diesem Namen reiste Sissi oft, wenn sie unerkannt bleiben wollte. Es hatte sich allerdings rasch in der Stadt ihre wahre Identität herumgesprochen. Lucheni suchte ein aristokratisches Opfer, damit er Aufsehen und Ruhm erringen konnte. Wenn es denn nicht der französische Thronanwärter sein sollte, so kam ihm die Kaiserin von Österreich gerade recht.

Marie Valerie notierte in ihr Tagebuch: «Nun ist es gekommen, wie sie es immer wünschte, rasch, schmerzlos, ohne ärztliche Beratungen, ohne lange, bange Sorgentage für die Ihren.»

Als Graf Paar dem Kaiser in Wien die schreckliche Nachricht überbrachte, sagte Franz Joseph: «Sie wissen nicht, wie ich diese Frau geliebt habe.»

Zweifelhafter Nachruhm

Sissis Verhältnis zu Wien war eindeutig: Je länger die Kaiserin lebte, desto mehr hat sie die Stadt gehaßt. Wien bedeutete für sie Hofstaat und endlose Verpflichtungen der ersten Gesellschaft. Das waren meistens rückwärtsgewandte, oft beschränkte, eingebildete Personen, die ihre herausragende Stellung einzig ihrer Abstammung verdankten und keineswegs durch herausragenden Geist oder eigene Leistung erworben hatten.

Neben dieser «ersten» gab es eine «zweite» Gesellschaft, in der immer noch der Adel den Ton angab. Aber zu ihr hatten vermögende Bürger, Schriftsteller, Künstler und Wissenschaftler Zugang. Wegen ihrer hohen Stellung war es der Kaiserin fast unmöglich, in engeren Kontakt mit dieser interessanteren Gesellschaft zu treten. Ihre Menschenscheu hätte es Elisabeth wohl auch schwergemacht, über formale Anlässe hinaus mit diesem Personenkreis Beziehungen anzuknüpfen.

Die Wiener haben Elisabeth deshalb nicht sonderlich geliebt. Schon gar nicht verstanden. Als sie starb, galt das Mitleid vor allem Franz Joseph. Der Toten selbst wurden, wie Graf Kielmansegg schrieb, «nur wenige Tränen nachgeweint». Die Beisetzung in der Kapuzinergruft feierte die Stadt allerdings mit allem Pomp, zu dem Habsburg damals noch fähig war.

«Wenn ich einmal sterben sollte, so legt mich ins

Meer.» Dieser Wunsch, den sie vor ihrem Tod mehrfach ausgesprochen hatte, wurde ihr nicht erfüllt. Das Hofzeremoniell forderte seinen letzten Tribut.

Als man den Nachlaß ordnete, fanden sich leider nur wenige Briefe. Die meisten hatte Elisabeth zu Lebzeiten verbrannt. Auch große Schmuckstücke, von den Hochzeitspräsenten bis zu den Diamantensternen, die durch das Winterhalter-Porträt berühmt geworden waren, hatte sie in den letzten Jahren ihres Lebens verschenkt.

«Man sollte alle Sachen nach dem Werte bezahlen, den sie für uns haben. Es gibt nichts Absolutes in unserem Umkreis. Ich würde für ein Buch, das ich gerne haben möchte, oder für eine Blume, die sehr hoch auf einer Hecke steht, mehr ausgeben als für ein Haus.» Diese Sätze, die Sissi zu Christomanos gesagt hatte, unterstreichen noch einmal ihre Verachtung für Kostbarkeiten, mit denen Adel oder das reiche Bürgertum ihre Bedeutung «ausstellen» wollten.

Kaiser Franz Joseph war dagegen erstaunt über den Reichtum seiner Frau, die ihr Geld auf Konten in der Schweiz angelegt und in Industrieunternehmen investiert hatte. Das Vermögen erbten jetzt Kinder und Enkelkinder. Valerie erhielt dazu die Hermesvilla im Lainzer Tiergarten. (Sie ist heute noch zu besichtigen.) Gisela mußte sich mit dem weit entfernten Achilleion begnügen. Es hatte keine Möbel, war schlecht erhalten und galt als unbewohnbar. Es wurde später (siehe Kapitel «Gedichte und Träume») an den deutschen Kaiser verkauft. Heute steht es nach einer Restaurierung dem Publikum offen. Doch ist nur noch wenig von dem Geist Sissis zu spüren.

Dabei hat sie gerade hier vor den Gefahren des Massentourismus und vor Entfremdung der Menschen von der Natur gewarnt: «Es ist merkwürdig, wo Menschen hinkommen, muß alles zerstört sein. Die Menschen tun den Dingen immer Unbill an; nur wo die Dinge allein sind, behalten sie ihre ewige Schönheit. Deswegen zeige ich auch den Leuten nicht mein Schloß: in einigen Monaten würde kein Stein mehr aufrecht stehen. Sie schreiben überall ihren Namen hin, wie, um auf die Steine selbst das Siegel ihrer Nichtigkeit aufzudrücken und sie in ihren eigenen Untergang mitzuzerren. Sehen Sie, nur wo Städte waren, sind Ruinen; in den Städten sind die Bäume verkümmert. Aber die Gipfel der Berge sind so, wie sie geschaffen wurden.»

Schloß Gödöllö, das dem Kaiserpaar gemeinsam gehörte, wurde nach dem Ersten Weltkrieg in eine Kaserne umgebaut. Erst vor kurzem sind die Soldaten endgültig ausgezogen. Ein kleiner Teil der Anlage konnte notdürftig restauriert werden und ist heute zu besichtigen. Im anderen Teil sind Büros der ungarischen Staatsverwaltung untergebracht. Allerdings gibt es in Budapest Personen, die hoffen, bald das ganze Schloß zu einem einzigen großen Museum für ihre geliebte Königin herrichten zu können. Die Begeisterung der Ungarn für Sissi scheint ungebrochen. Das kann man auch am reichen Blumenschmuck sehen, den magyarische Touristen und Pilger täglich am Grab der Kaiserin Elisabeth in der Kapuzinergruft niederlegen.

Bad Ischl ist trotz Massentourismus ein heiteres Städtchen geblieben. Vor allem in der Umgebung meint man noch viel von dem wiederzufinden, was das Kaiserpaar bei seinen Aufenthalten im Salzkammergut so glücklich gemacht hat: die Abgeschiedenheit und das Naturerlebnis. In der Ortsmitte wird Sissis Andenken überall demonstriert: von der Boutique Sissi, über den Friseur Sissi, die Eisbar Sissi bis zum Café Sissi und dem Hotel Elisabeth – es fehlt eigentlich nur der Schuster Sissi. Die Kaiservilla, ein Flügel wird noch von der Familie Habsburg bewohnt, besuchen jedes Jahr Zehntausende von Touristen. Und bei jedem Durchgang mahnt die freundliche Führerin: «Immer hübsch auf dem roten Teppich bleiben bitte!»

Hier wurde auch der Kinofilm «Sissi» gedreht, der viel zur Popularität der Kaiserin beigetragen hat. Die sechzehnjährige Romy Schneider als sechzehnjährige Sissi, Karlheinz Böhm als fescher Franz Joseph – Traumpaar in einer Traumwelt, die wenig mit der wirklichen Welt Sissis zu tun hat, aber, wie die elfjährige Gianna sagt, «trotzdem schön» ist.

Im Film, den Ernst Marischka 1955 in Österreich gedreht hat, beherrscht eine heile Welt die Szene. Er taucht in großen Filmlexika ebensowenig auf wie die beiden Nachfolgefilme «Sissi – Die junge Kaiserin» (1956) und «Sissi – Schicksalsjahre einer Kaiserin» (1957), in denen Romy Schneider weiterhin Sissi spielen darf. In Videotheken sind Kassetten dieser Filme gerade unter Kindern und Jugendlichen allerdings absolute Bestseller. Kein Wunder: wir wissen ja, der Wunsch nach der «heilen Welt» entspringt vor allem aus einem Unbehagen an der Gegenwart. Zurück ins Kaiserreich also? Quatsch!

Wer von Märchenprinzessinnen träumt, will noch lange nicht im Märchen leben.

Ein großer Teil des ersten Sissi-Films spielt in Possenhofen am Starnberger See. Heute ist hier wenig von der damaligen Zeit zu spüren. Das Schloß ist längst ein Opfer des profitablen Handels mit Appartements geworden. Man hat es in viele Eigentumswohnungen aufgeteilt und verkauft. Verstädterung und Verschandelung der ursprünglichen Landschaft durch Villenbauten am See beklagte Sissi übrigens schon vor über hundert Jahren in einem Gedicht:

> *Statt der reichgezierten Villen,*
> *Die hier mein Gestad' umstehn,*
> *Waren kleine, fromme Hütten*
> *Armer Fischer nur zu seh'n*

Im Münchener Geburtshaus, dem Palais Herzog Max an der Ludwigstraße, ist heute eine Bank untergebracht. Was bleibt von Elisabeth in ihrer Vaterstadt? Es gibt unweit des Viktualienmarktes ein recht trauriges «Sissi-Museum» – eigentlich nur ein Zimmer mit Erinnerungsstücken in einem sogenannten «Zentrum für außergewöhnliche Museen», in dem sonst ein Sammelsurium von Osterhasen, Korken, Nachttöpfen und Spielzeugautos ausgestellt wird.

In Wien kann man hingegen Sissi auf der Bühne tanzen und singen sehen. «Elisabeth» heißt ein Musical von Michael Kunze (Text) und Sylvester Levay (Musik), das in der Inszenierung von Harry Kupfer am 3. September 1992 im Theater an der Wien Weltpremiere hatte und seitdem Abend für Abend ausverkauft ist. Der Chor singt: «Alle Fragen sind gestellt / Und alle Phrasen eingeübt / Wir sind die letzten einer Welt / Aus der es keinen Ausweg gibt.»

Dieses Musical ist eine Art Totentanz in Pop-Musik. Sissi wird hier zur Frau, die, von Todessehnsucht getrieben, ihre Persönlichkeit auslebt: «Ich will nicht / Gehorsam / Gezähmt und / Gezogen sein; / Ich will nicht / Bescheiden / Beliebt und / Betrogen sein; / Ich bin nicht / Das Eigentum von Dir / Denn ich / Gehör nur mir.»

Sissi, die von ihrer Zeit nicht verstanden wurde und sich auch unverstanden fühlte, setzte ihre ganze Hoffnung in die «teuern Seelen jener fernen Zeiten». Die künftigen Generationen, glaubte sie, die erst könnten sie verstehen. Ein Todesengel in einem Musical – war es das, was sie sich wünschte?

Die Nachwelt interessiert sich, wie es schon die Zeitgenossen Sissis taten, vor allem für Klatschgeschichten. Wie tief war die Beziehung zu Graf Andrássy wirklich? Mochte sie Frauen lieber als Männer? Was verbarg sich hinter der Liebelei mit dem schottischen Reitlehrer? Ganze Wälzer wurden zu Spekulationen dieser Art geschrieben. Das jüngste Beispiel ist der Roman «Der unvollendete Walzer» von Catherine Clément. Er beruht auf einer wahren Begebenheit, die wir aus verschiedenen Tagebüchern kennen. Sissi, 36 Jahre alt und gerade zum erstenmal Großmutter geworden, ging mit ihrer Vertrauten Ida Ferenczy als Domino maskiert auf einen Karnevalsball. Der «Domino» ist eigentlich ein schwarzer Maskenmantel, der früher beim Karneval in Venedig getragen wurde. Der Domino von Ida war rot, der von Sissi aus kostbarem gelbem Brokatstoff.

Auf dem Ball kam es zu einem kurzen Flirt mit dem Hofbeamten Fritz Pacher, der damals 26 Jahre alt war. Er hatte vermutlich geahnt, wer sich unter der Maskerade verbarg, war sich seiner Sache aber nicht ganz sicher.

An jenem Abend tanzten sie nicht einmal miteinander. Pacher bemerkte, wie unwohl sich dieser gelbe Domino im Gedränge fühlte. «Sie bebte am ganzen Körper, wenn man ihr nicht Platz machte. Das war sie sichtlich nicht gewöhnt.» Sie redeten zwei Stunden lang. Über ihre gemeinsame Liebe zu Hunden. Und natürlich über Heinrich Heine, Sissis Lieblingsthema. Als Pacher wenigstens ihre Hand ohne Handschuh küssen wollte, vertröstete sie ihn auf ein anderes Mal, vielleicht in Stuttgart oder München: «Du mußt nämlich wissen, daß ich keine Heimat habe und fortwährend auf der Reise bin.»

Bald nach Mitternacht drängte der rote Domino auf die Heimfahrt. Draußen warteten sie zu dritt auf den Fiaker, die Kutsche, welche die Dominos bestellt hatten. Da versuchte Pacher frech, wenigstens den unteren Schleier des gelben Dominos zu lüften. «In höchster Erregung einen markerschütternden Schrei ausstoßend» warf sich der rote Domino dazwischen. Sissi und Ida sprangen in ihren Fiaker und ließen den verwirrten Beamten zurück.

Mit verstellter Schrift schrieb Sissi ihm danach einige Briefe, die in München und London aufgegeben wurden. Als Pacher in seinem Antwortschreiben an eine postlagernde Adresse erkennen ließ, daß er den wahren Namen seiner Briefpartnerin wisse, brach sie die Korrespondenz ab. Eine Geschichte ganz nach dem Geschmack von Romanautoren. Sie mit viel Phantasie weiterzuerzählen, muß einfach Spaß machen.

Gerüchte über und Geschichten von Sissi gibt es viele. Es gab sogar jemanden, der ihr Leben gleichsam fortgesetzt hat. Erzherzogin Elisabeth, die Tochter des Kronprinzen Rudolf, wuchs am Wiener Hof auf. Diese «Erzsi» war die Lieblingsenkelin von Franz Joseph, der ihr keinen Wunsch abschlagen konnte und sie dadurch total verzog. Erzsi hatte indes vor allem den rebellischen Charakter ihrer Großmutter und ihres Vaters geerbt. Sie brachte den steifen Hof durcheinander, stürzte sich halb erwachsen in die Ehe mit einem aristokratischen Lebemann, war für viele Skandale gut und heiratete schließlich einen Lehrer und Politiker der Arbeiterpartei. Man nannte sie die rote Erzherzogin. Sie starb 1963 in Wien im Alter von 80 Jahren.

Es ist nicht leicht, hinter einem langen, zweifelhaften Nachruhm das wahre Bild von Sissi zu finden. Gelehrte Bücher können uns nur bis zu einem bestimmten Grad helfen. Wenn wir deshalb einen Wunsch frei hätten, dann diesen: Wir möchten ihren Baum in Gödöllö finden, ihren «besten Freund». Vielleicht wäre sein Schweigen beredter als vieles, was man über sie geschrieben, geredet und gedacht hat.

Kann man sagen, daß Sissi ein paar Jahrzehnte «zu früh» gelebt hat? Sicher war sie mit den Gedanken ihrer Zeit, vor allem aber ihrem «Stand», weit voraus. Was sie über Erziehung, das Verhältnis zur Natur, die Rolle der Frau, den Glauben, die Monarchie dachte, kommt uns Nachgeborenen vertraut, sehr modern vor. Doch wir können nicht übersehen, daß sie in ihren eigenen, inneren Widersprüchen gefangen blieb. Vom Netz der Hof- und Ständeordnung, das sie trotz allen Widerstandes nicht auflösen konnte, gar nicht zu reden.

Deshalb taugt Sissi wohl nicht als Vorbild, dem man nacheifern könnte. Sie war keine Heldin, keine heilige Johanna, auch Mutter Courage nicht. Sie war keine Märchenfee und keine Prinzessin auf der Erbse, sondern am Ende ihres Lebens eine einsame Frau, die ihrer Zeit im Weg stand. Ebenso wie sich selbst. Was hätte aus Elisabeth und Österreich werden können, wen man ihr die Chance gegeben hätte, ihre Rolle als Kaiserin zu finden? Wenn das Wörtchen wenn nicht wäre: Geschichte schreibt man nicht in der Möglichkeitsform. So wurde aus Sissi die unbequeme Person, die wir heute kennen. Eine Provokation. Ein streitbarer Charakter unter so vielen Marionetten der Etikette.

Das haben ihr viele bis heute nicht verzeihen können. Und so hat man sie zur Romy Schneider gemacht oder zum Todesengel. Oder zur Gipsstatue. Und trotzdem: ob Film, Bühne oder Gips, die rebellische Haltung kann man nicht von ihrer Persönlichkeit abtrennen. Diese Rebellion scheint durch jede kitschige Hülle hindurch, die der Nachruhm um sie gelegt hat. Das ist es, was junge Menschen noch jetzt fasziniert. Sie können mit Kitsch glücklicherweise unbefangener umgehen als Erwachsene. Und erkennen unter der glatten Oberfläche Natürlichkeit, Widerspruch und Rebellion.

Und genau darum werden sich junge Menschen immer wieder in Elisabeth verlieben.

Ach, Sissi.

Der Österreich-Werbung sei Dank gesagt, daß sie meine Reisen zu den Recherchen für dieses Buch großzügig unterstützt hat. Der rotfuchs-Redaktion im Rowohlt Verlag ist zu danken, daß sie dem «Sissi-Projekt» einen großen Vertrauensvorschuß gewährt und Geduld mit dem Autor gehabt hat. Und Gianna (11) und Mara (8), die an der Entstehung so begeistert mitgewirkt haben, ist überhaupt alles zu danken. Ohne sie wäre ich gar nicht auf die Idee gekommen, die Spurensuche nach Sissi anzufangen.

Henning Klüver, Mailand, April 1996

Personenverzeichnis

Achill(eus) Person der griechischen Mythologie (Sagenwelt), der tapferste griechische Held bei der Schlacht um Troja, Urenkel von Zeus und Sohn der Meergöttin Thetis. Durch ein magisches Bad im Fluß Styx wurde er unverwundbar – bis auf eine Stelle an der Ferse («Achillesferse»). Ein Pfeil des Trojanerkönigs Paris, vom Gott Apoll gelenkt, tötete Achill. Sissi nannte nach ihm ihr Schloß auf Korfu «Achilleion»

Gyula Graf *Andrássy* (1823–1890) Ungarischer Patriot, 1851 wegen der Unruhen 48/49 (in Abwesenheit) zum Tode verurteilt, 1857 begnadigt, zusammen mit Deák sucht er den Ausgleich mit Österreich. Ungarischer Ministerpräsident 1867–71

Bourbonen Französische Königsfamilie mit spanischem Zweig, der bis heute den König von Spanien stellt. Daraus auch die Regenten-Throne von Neapel-Sizilien («beider Sizilien») und Parma-Piacenza im 19. Jahrhundert

Carl Theodor (1839–1910) Herzog in Bayern, Bruder von Sissi (Kosename «Gackel»), Arzt. Nach dem Tod seines Vaters Max Chef der Wittelsbacher-Linie «in Bayern», weil der ältere Bruder Ludwig eine Bürgerliche geheiratet hatte

Camillo Benso Graf von *Cavour* (1810–1861)   Ministerpräsident des Königs von Piemont-Sardinien, der die italienische Einigung politisch vorbereitete

Constantin *Christomanos* (1867–1911)   Lektor für Neugriechische Sprache an der Wiener Universität, Lehrer und Vorleser im Dienst von Sissi 1891/92

Franz *Deák* (1803–1876)   Ungarischer Politiker, Führer der gemäßigten Reformer in der liberalen Partei, setzte den Ausgleich mit Österreich gegen radikale Nationalisten durch

Elisabeth (Sisi/Sissi) (1837–1898)   Kaiserin von Österreich, Tochter des Herzogs Max in Bayern und seiner Frau Ludovika. Heiratete 1854 Franz Joseph I. Vier Kinder: Sophie, Gisela, Rudolf, Marie Valerie; 1898 von Luigi Lucheni ermordet

Elisabeth (1843–1916)   Königin von Rumänien, schrieb Romane unter dem Pseudonym Carmen Sylva

Elisabeth, Erzherzogin von Österreich (1883–1963) Tochter (Kosename «Erzsi») von Kronprinz Rudolf und Stefanie von Belgien, verheiratet in erster Ehe mit Otto Prinz Windischgrätz, in zweiter mit dem sozialistischen Politiker Leopold Petznek, erbte den rebellischen Charakter von Sissi und Rudolf

Marie Sophie Gräfin *Esterhazy* (1798–1869)   Oberhofmeisterin von Sissi

Eugénie, Kaiserin von Frankreich (1826–1920)

Franziska *Feifalik*, geb. Angerer (1842–1911)   Friseurin von Sissi, gemeinsam mit ihrem Mann Hugo Feifalik (Reisesekretär Sissis) in den Freiherrenstand erhoben

Ferdinand I., Kaiser von Österreich (1793–1875)   Genannt «der Gütige», geistesschwach, dankte 1848 zugunsten seines Neffen Franz ab, der den Herrschernamen Franz Joseph I. annahm

Ferdinand Max, Erzherzog von Österreich (1832–1867) Bruder von Kaiser Franz Joseph, Gouverneur der österreichischen Besitzungen in Oberitalien, Kaiser von Mexiko, von Aufständischen hingerichtet

Ida von *Ferenczy* (1846–1928)   Ab 1864 Vorleserin und Vertraute Sissis; beeinflußte sie, sich für die Partei der Liberalen in Ungarn einzusetzen

Franz I. (1768–1835)   Ab 1804 Kaiser von Österreich, mehrfach verheiratet, in letzter Ehe mit Prinzessin Karoline Auguste von Bayern

Franz II., König beider Sizilien (1836–1894)   Aus dem Haus der Bourbonen, heiratete 1859 Marie Sophie in Bayern, eine Schwester von Sissi

Franz Carl, Erzherzog von Österreich (1802–1878)   Sohn von Kaiser Franz I., verheiratet mit Sophie von Bayern, Vater von Franz Joseph I.

Franz Joseph I. (1830–1916)   Sohn von Erzherzog Franz Carl und Sophie, ab 1848 Kaiser von Österreich und König von Ungarn, 1854 Heirat mit Sissi

Giuseppe *Garibaldi* (1807–1882)   Italienischer Freiheitskämpfer, stand 1848 auf seiten der Aufständischen in Norditalien, mit dem «Zug der Tausend (Kämpfer)» befreite er Süditalien von Sizilien aus. Zwang den Bourbonenkönig Franz II. und seine Frau Marie Sophie zur Flucht

Gisela Prinzessin von Bayern (1856–1932)   Zweite Tochter von Sissi, heiratete 1873 Prinz Leopold von Bayern

Habsburger   Herrschergeschlecht seit 950, mit Rudolf I. wurde 1273 der erste Habsburger zum deutschen König ernannt, zur gleichen Zeit gewannen die Habsburger, die ursprünglich aus dem südwestdeutschen Raum stammen, auch Österreich. Sie stellten mit wenigen Unterbrechungen bis zum Ende des Heiligen Römischen Reiches deutscher Nation (1806) die deutschen Kaiser. Der letzte Kaiser Franz II. nahm unter dem Namen Franz I. die österreichische Kaiserkrone an. Hauptlinie ist zuletzt das Haus Habsburg-Lothringen. Nebenlinien gibt es in Italien (Toskana und Modena).

Chef des Hauses ist Otto von Habsburg (geboren 1912), ältester Sohn von Kaiser Karl I. Otto verzichtete 1961 formell auf alle Thronrechte für die Familie

Heinrich *Heine* (1799–1856)   Deutscher Schriftsteller, Kritiker von Gesellschaft, Monarchie und Kirche

Helene   Erbprinzessin von Thurn und Taxis (1834–1890). Ältere Schwester von Sissi, 1858 Heirat mit Maximilian von Thurn und Taxis

Joseph II. (1741–1790)   Deutscher Kaiser und König von Ungarn, ältester Sohn von Maria Theresia, vertrat Reformideen, baute das Schul- und Gesundheitssystem aus und liberalisierte die Rechtsprechung (Abschaffung der Folter)

Karl I. (1887–1922) letzter Kaiser von Österreich 1916–1918, Großneffe von Kaiser Franz Joseph I.

Karl Ludwig (1833–1896)   Erzherzog von Österreich, Bruder von Kaiser Franz Joseph, Vater des Thronfolgers Franz Ferdinand, der 1914 in Sarajevo erschossen wurde, Großvater des letzten österreichischen Kaisers Karl I.

Marie Gräfin *Larisch-Wallersee* (1858–1940)   Nichte von Sissi, Tochter von Ludwig Wilhelm in Bayern und Henriette Mendel, einer Schauspielerin, die in den Adelsstand (Freifrau von Wallersee) erhoben wurde. Marie, von Sissi zunächst protegiert, wurde nach dem Selbstmord Rudolfs vom Hof verbannt

Luigi *Lucheni* (gestorben 1910)   Anarchist, Mörder von Sissi 1898, nahm sich das Leben

Ludovika Herzogin in Bayern (1808–1892)   Verheiratet mit Herzog Max, Sissis Mutter, Schwester von Erzherzogin Sophie, der Mutter Franz Josephs

Ludwig I., König von Bayern (1786–1868)   Mußte 1848 wegen einer Affäre mit der Tänzerin Lola Montez zugunsten seines Sohnes Maximilian abdanken

Ludwig II. König von Bayern (1845–1886)   Vetter von Sissi, Mäzen vieler Künstler (z. B. Richard Wagner), sagenumwobene, phantasievolle Gestalt, gegen Ende seines Lebens geisteskrank, ertrank im Starnberger See (Selbstmord?)

Ludwig Victor Erzherzog von Österreich (1842–1919)   Jüngster Bruder von Franz Joseph I.

Ludwig Wilhelm Herzog in Bayern (1831–1920)   Sissis Bruder, in erster Ehe mit der Schauspielerin Henriette Mendel (später Freifrau von Wallersee) verheiratet

Maria Theresia (1717–1780)   Kaiserin, Königin von Böhmen und Ungarn, Urgroßmutter von Franz Joseph

Marie Sophie von Bourbon (1841–1925)   Königin beider Sizilien, Sissis Schwester, führt den Verteidigungskampf der Bourbonen in der Festung Gaeta gegen die Truppen Garibaldis («Heldin von Gaeta»)

Marie Valerie, Erzherzogin von Österreich (1868–1924) Jüngste Tochter von Sissi, Heirat 1890 mit Erzherzog Franz Salvator aus der toskanischen Linie der Habsburger

Karl *Marx*, (1818–1881)   Deutscher Philosoph und Wirtschaftswissenschaftler; Begründer einer dialektischen Geschichtsbetrachtung, nach der die Arbeiterklasse die Macht in der Gesellschaft übernehmen sollte, die sich in eine klassenlose kommunistische Gesellschaft gleichberechtigter Menschen wandeln sollte; versuchte seine Idee auch politisch umzusetzen («Kommunistisches Manifest» 1848)

Matilde, Prinzessin in Bayern (1843–1925)   Sissis Schwester, Heirat mit Luigi Trani

Max Emanuel, Herzog in Bayern (1849–1893)   Sissis Bruder, verheiratet mit Amalie von Sachsen-Coburg

Max(imilian), Herzog in Bayern (1808–1888)   Vielfach interessierter, lebenslustiger Adeliger, tätig u. a. als Schriftsteller (unter wechselnden) Pseudonymen und Musiker, Heirat 1828 mit Ludovika von Bayern, Vater von acht ehelichen (darunter Sissi) und mehreren unehelichen Kindern

Maximilian I., König von Bayern (1756–1825)   Vater von Ludovika, Sissis Mutter

Maximilian II., König von Bayern (1811–1864)   Kam 1848 nach der Abdankung seines Vaters Ludwig I. auf den Thron

Pauline Gräfin *Metternich*   Frau des zeitweiligen Botschafters von Österreich in Paris, tonangebende Dame der Wiener Gesellschaft, Sissis heftigste Kritikerin

Napoleon III. (1808–1873)   Kaiser der Franzosen ab 1852, Neffe Napoleons I., 1871 in preußischer Kriegsgefangenschaft, danach im englischen Exil

Nasir od-Din von Persien (1831–1896)   Ab 1848 Schah (Kaiser)

Rudolf, Kronprinz von Österreich (1858–1889)   Sohn von Sissi, verfolgte liberale Ideen, Heirat 1881 mit Prinzessin Stefanie von Belgien, eine Tochter (Elisabeth), Rudolf beging Selbstmord gemeinsam mit der Baronesse Mary Vetsera unter nie geklärten Umständen

Rustimo   Dunkelhäutiger Zwerg im Dienst von Sissi, stirbt 1892

Katharina *Schratt* (1853–1940)   Schauspielerin, Gesellschafterin und Hofdame von Franz Joseph I.

William *Shakespeare* (1564–1616)   Englischer Dramatiker, schrieb Theaterstücke wie «Der Widerspenstigen Zähmung», «Richard III.», «Romeo und Julia», «Hamlet», «Othello» und «Ein Sommernachtstraum» (Sissis Lieblingsstück)

Sophie, Erzherzogin von Österreich (1805–1872)   Schwester Ludovikas in Bayern, 1824 Heirat mit Erzherzog Franz Carl, einem Bruder von Kaiser Ferdinand I., Mutter von Franz Joseph I., bestimmende Kraft («heimliche Kaiserin») der konservativen Mehrheit am Wiener Hof

Sophie, Erzherzogin von Österreich (1855–1857)   Sissis Tochter, starb während einer Reise nach Ungarn

Sophie von Alençon (1847–1897)   Sissis Schwester, kurzfristig mit Ludwig II. von Bayern verlobt, verheiratet mit Ferdinand von Alençon

Stefanie, Kronprinzessin von Österreich (1864–1945) Tochter König Leopolds II. der Belgier, Heirat 1881 mit Kronprinz Rudolf, Mutter von Elisabeth («Erzsi»), zweite Heirat 1900 mit Graf Elemér ohne Erlaubnis der Familie, deshalb wurde sie vom belgischen Hof verstoßen

Richard *Wagner* (1813–1883)   Deutscher Komponist, Schützling von König Ludwig II. von Bayern

Henriette Freifrau *Wallersee* (1833–1891) Geborene Mendel, Schauspielerin, nach ihrer Heirat mit Ludwig Wilhelm, Sissis Bruder, in den Adelsstand erhoben, Mutter von Marie Gräfin Larisch-Wallersee

Wilhelm I., (1797–1888) König von Preußen, ab 1871 Deutscher Kaiser

Wittelsbach Bayerisches Herrscherhaus von 1180–1918, seit 1805 Königswürde («von Bayern»). Aus der Nebenlinie der «Herzoge in Bayern» (Wittelsbach-Birkenfeld-Gelnhausen) stammt Sissi

Bücher- und Abbildungsverzeichnis

Catherine Clément: Der unvollendete Walzer. Roman, München 1996

Egon Caesar Conte Corti: Elisabeth. Die seltsame Frau, Verlag Graz o. J. (Erstausgabe Verlag Anton Puster, Salzburg 1934)

Elisabeth von Österreich. Einsamkeit, Macht und Freiheit, Katalog der 99. Sonderausstellung des Historischen Museums der Stadt Wien. 22. März 1986 – 22. März 1987

Brigitte Hamann: Elisabeth. Kaiserin wider Willen, München 1995

Brigitte Hamann: Die Habsburger. Ein biographisches Lexikon, München 1988

Brigitte Hamann: Kaiserin Elisabeth. Das poetische Tagebuch, Wien 1984

Brigitte Hamann: Rudolf. Kronprinz und Rebell, München 1987

Joan Haslip: Sissi, Kaiserin von Österreich, Köln 1994

Verena von der Heyden-Rynsch (Hg.): Elisabeth von Österreich. Tagebuchblätter von Constantin Christomanos, Frankfurt 1993

Dieter Neumann, Rudolf Lehr: Bad Ischl und die Habsburger, Bad Ischl 1992

Gabriele Praschl-Bichler, Josef Cachée: «...von dem müden Haupte nehm' die Krone ich herab». Kaiserin Elisabeth privat, Wien 1995

Friedrich Weissensteiner: Die rote Erzherzogin. Das ungewöhnliche Leben der Tochter des Kronprinzen Rudolf, München 1993

Martin Schäfer: Sissi. Glanz und Tragik einer Kaiserin. Eine Bildbiographie, München 1991

Abbildungen

Brigitte Hamann, Elisabeth, Amalthea Verlag (1986): S. 18
Münchner Stadtmuseum: S. 21
Ausstellungskatalog des Historischen Museums der Stadt Wien: S. 55, 65, 128
ÖNB Wien, Porträtsammlung: S. 45, 63, 76, 83, 111, 114, 126
Hofburg, Kaiserappartements: S. 90

Zeittafel

18. 8. 1830	Geburt Franz Josephs in Wien
24. 12. 1837	Geburt Elisabeths in München
1848/49	Bürgerliche Revolutionen in ganz Europa
2. 12. 1848	Thronbesteigung Franz Josephs als Kaiser
18. 8. 1853	Verlobung in Bad Ischl
24. 4. 1854	Hochzeit in Wien
5. 3. 1855	Geburt von Sophie (gest. 1857)
15. 7. 1856	Geburt von Gisela
21. 8. 1858	Geburt von Rudolf
Juni 1858	Krieg gegen Frankreich und Piemont
November 1859	Friede von Zürich: Österreich verliert die Lombardei
April 1864	Erzherzog Max nimmt die Kaiserkrone von Mexiko an
Juli 1866	Krieg gegen Preußen, Niederlage in der Schlacht bei Königgrätz
August 1866	Friede von Prag: Österreich verliert Venetien
8. 6. 1867	Krönung Franz Josephs zum König von Ungarn
19. 6. 1867	Hinrichtung von Kaiser Max in Mexiko
22. 4. 1868	Geburt von Marie Valerie
1870/71	Deutsch-französischer Krieg, Deutschland wird Kaiserreich unter Preußens Führung, Frankreich wird Republik
27. 5. 1872	Tod der Erzherzogin Sophie
1875	Tod Kaiser Ferdinands I., Franz Joseph ist Haupterbe

1878	Österreich besetzt die türkischen Provinzen Bosnien und Herzegowina
1881	Heirat von Kronprinz Rudolf mit Stefanie von Belgien
1886	Tod Ludwigs II. von Bayern
31. 1. 1889	Selbstmord des Kronprinzen Rudolf in Mayerling
18. 2. 1890	Graf Andrássy stirbt
1890	Hochzeit von Marie Valerie mit Erzherzog Franz Salvator
10. 9. 1898	Ermordung von Kaiserin Elisabeth in Genf
21. 11. 1916	Tod von Kaiser Franz Joseph in Wien

Stammtafel der Kaiserin Elisabeth

Maximilian I. Joseph
1756–1825
seit 1799 Kurfürst, seit 1805 König von Bayern
Großvater mütterl.

Aus 1. Ehe mit Marie Wilhelmine Auguste von Hessen-Darmstadt

Aus 2. Ehe mit der Prinzessin **Karoline von Baden**
Großmutter mütterl.

Ludwig I.
1786–1848
Stiefonkel
verm. mit Therese von Sachsen-Hildburghausen

Ein zweiter Sohn und zwei Töchter

Erstes Zwillingsschwesternpaar

Elisabeth
1801–1873
verm. 1823 mit König Friedrich Wilhelm IV. von Preußen (reg. 1840–1861)
Tante und Taufpatin

Amalie
1801–1877
verm. 1822 mit König Johann von Sachsen (reg. 1854–1873)

Zweites Zwillingsschwesternpaar

Sophie
1805–1872
verm. 1824 mit Erzherzog Franz Karl von Österr.
Tante und Schwiegermutter

Marie
1805–1877
verm. 1833 mit König Friedrich August II. von Sachsen (reg. 1836–1854)

Maximilian II.
1811–1864
Vetter 1. Grades
verm. mit Marie von Preußen

Otto
König von Griechenland
1815–1867

Luitpold
Prinzregent v. Bayern
1821–1912

Weiters noch ein Sohn und vier Töchter

Franz Joseph
1830–1916
Gatte

Ferdin. Max von Mexiko
1832–1867

Karl Ludwig
1833–1896

Ludwig Viktor
1842–1919

Ludwig II.
1845–1886
Vetter 2. Grades

Otto
1848–1916

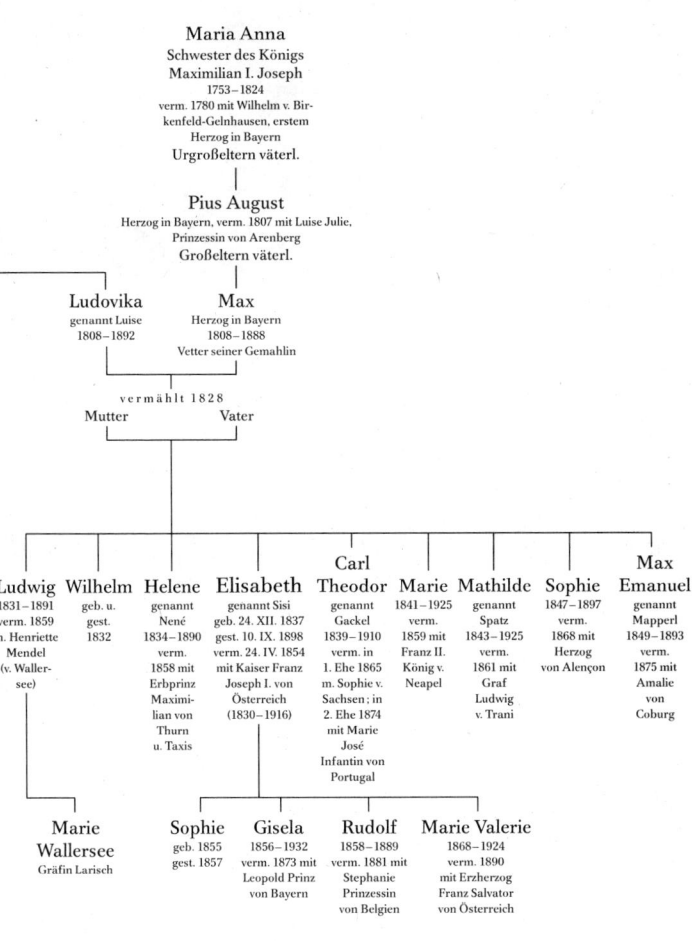

Henning Klüver, 1949 in Hamburg geboren, studierte Literaturwissenschaft und Kunstgeschichte sowie an der Deutschen Film- und Fernsehakademie in Berlin. Als Kulturjournalist pendelt er zwischen Deutschland und Italien und arbeitet zur Zeit für die Süddeutsche Zeitung in Italien. Veröffentlichte verschiedene Reisebücher (u. a. Anders reisen, «Norditalien» und «Rom» mit Peter Kammer).

Er lebt mit seiner italienischen Frau und zwei Töchtern (11 und 8 Jahre alt) in Mailand.

Leben in vergangenen Zeiten

Hexen und mutige Frauen, Ritter und Aufständische, Indianer und Piraten – Lebensbilder und aufregende Abenteuer aus vergangenen Zeiten.

Norgard Kohlhagen
Mehr als nur ein Schatten von Glück *Mathilde Franziska Anneke*
Ein Leben in abenteuerlicher Zeit
(rotfuchs 557 / ab 13 Jahre)
«Die Vernunft befiehlt uns, frei zu sein.» 1849 zieht Mathilde Franziska Anneke mit im badisch-pfälzischen Revolutionsheer. Als Soldatin, Journalistin, Frauenrechtlerin und Lehrerin kämpft sie ihr Leben lang für die bürgerlichen Grundrechte.

Willi Bredel
Die Vitalienbrüder *Ein Störtebeker-Roman*
(rotfuchs 24 / ab 11 Jahre)
«Ein freies und fröhliches Leben kennen nur Fürsten, Pfaffen und Piraten», hieß ein Sprichwort im 14. Jahrhundert. Die Vitalienbrüder, Freibeuter in der Nord- und Ostsee, machten den hanseatischen Pfeffersäcken jahrzehntelang die Geschäfte unsicher.

Ulrike Haß
Teufelstanz *Eine Geschichte aus der Zeit der Hexenverfolgung*
(rotfuchs 300 / ab 13 Jahre)
«Marie, meine Liebe, wir müssen jetzt Abschied nehmen.» Ursula Haider wird von den Knechten des Henkers abgeholt – eine Hexe soll sie sein ... Ursula hat wirklich gelebt: in Nördlingen am Ende des 16. Jahrhunderts.

Heidi Staschen
Verraten, verteufelt, verbrannt *Hexenleben*
(rotfuchs 577 / ab 12 Jahre)
Individuelle Lebensgeschichten von Frauen aus der Zeit der Hexenverfolgung

Martin Selber
Faustrecht *Timm Riedbures gefährliche Flucht*
(rotfuchs 93 / ab 9 Jahre)
Nicht einen Tag länger will Timm dem Rittersaß dienen. Nach vielen Abenteuern findet er in Magdeburg Zuflucht. Aber dort herrscht die Pest...

Frederik Hetmann
Der Rote Tag *Bericht über die Schlacht am Litte Bighorn River zwischen den Sioux und Cheyennes und der US-Kavallerie unter General Armstrong Custer.*
(rotfuchs 275 / ab 13 Jahre)

rororo rotfuchs